Interview English

전문가의 조언과 모범답안의 예를 수록한 영어면접 합격 지침서

하늘을 나는 인터뷰 영어

박혜윤 저

면접이 다양하고 면접관마다 묻는 질문이 다르지만 공통적으로 대비하여야 할 필수 질문이 있으며 분야별로 묻는 질문에는 공통점이 있습니다. 따라서 이런 질문들을 예상하여 살펴보고 그 질문을 통해 면접관이 알고자 하는 내용을 미리 파악해 두면 어떤 영어면접에도 성공할 수 있습니다.

백산출판사

Preface

짧은 시간에 면접관에게 자신에 대하여 좋은 인상을 주면서 면접에 응한다는 것은 쉬운 일이 아닙니다. 하물며 모국어가 아닌 영어로 하는 면접은 더욱 어렵다고 하겠습니다.

영어면접을 진행하는 가운데 얼마나 많은 사람들이 영어면접에 무방비상태이며 공포감을 갖고 있는지 체험할 수 있었으며, 또한 영어면접에 대한 두려움 때문에 간절히 원하던 직장을 포기하는 것을 보았습니다. 면접은 하나의 요령이기 때문에 연습에 따라 자신감을 가질 수 있다는 것을 모르고 포기하는 것을 볼 때 정말 안타까웠습니다.

면접이 다양하고 면접관마다 묻는 질문이 다르지만 공통적으로 대비하여야 할 필수 질문이 있으며 분야별로 묻는 질문에는 공통점이 있습니다. 따라서 이런 질문들을 예상하여 살펴보고 그 질문을 통해 면접관이 알고자 하는 내용을 미리 파악해 두면 어떤 영어면접에도 성공할 수 있습니다.

본서에는 영어면접에 필요한 질문 및 전문가의 조언 그리고 모범답안에 대한 예를 분야별로 수록하였습니다. 질문은 기출문제를 바탕으로 한 것이므로 다양한 질문의 형태를 숙지하고 면접관이 묻는 질문의 의도를 파악하여 이해하고 모범답안을 참조하여 본인만의 정답을 만든 후 연습한다면 어떠한 영어면접에도 자신감을 가지고 임할 수 있으며 원하는 직장에 취업할 수 있을 것입니다.

그 동안의 경험을 바탕으로 심혈을 기울여 집필하였으나 아직도 부족한 부분이 많은 것을 아쉽게 생각하지만, 향후 계속해서 수정·보완해 나갈 계획입니다. 모쪼록 이 한권의 책이 항공사 객실승무원이 되길 원하는 학생들에게 도움이 되길 기대합니다.

책이 출판되기까지 도와주신 분들에게 지면을 빌려 감사드립니다.

끝없는 사랑과 참교육으로 키워주신 존경하는 나의 부모님, 많은 관심과 애정을 가지고 대해 주시는 김민수 교수님, 힘들고도 보람있는 작업을 같이 해 온 Dennis Chung과 백산출판사 여러분께 감사드립니다. 또한 나의 인생의 동반자에게 고마움을 전합니다.

2005년 3월

박혜윤

Contents

PART 1 면접의 개요

PART 2 영어인터뷰란

PART 3 ▬ 영어인터뷰 예문

PART 4 ▬ 영문이력서와 자기소개서

PART 5 ▬ 영어인터뷰 필수어휘

PART 1

면접의 개요

면접의 개요

1 면접

인재를 선발하는 채용과정에 있어서 수험생과 면접위원이 직접 대면하여 질문과 대답이라는 과정을 통해 수험생의 잠재적인 능력, 책임감, 인내력, 사고력, 창의력, 업무추진력, 대인관계, 성격 등을 알아보고자 하는 것이다. 최근 신입사원의 채용방법을 분석해 보면 기업에 따라 약간씩 차이는 있으나 필기시험보다는 면접시험을 통한 인물평가에 더 많은 비중을 두는 경향이 두드러짐을 알 수 있다. 그 예로 지도교수의 추천을 받으면 아예 필기시험을 면제시킨다든지, 필기시험을 치르더라도 필기시험 합격자를 모집인원의 2~3배나 더 뽑아 면접시험에서 최종합격자를 가려내고 있고 개별 또는 집단 면접식으로 세 차례에 걸쳐 면접시험을 치르는 등의 면접경향을 보이고 있다. 특히 요즈음은 대학을 졸업했을 경우에 대개 기본적인 실력을 갖추었다고 보기 때문에 더더욱 면접시험의 중요성이 강조되고 있다.

자기소개서는 이력서와 함께 채용을 결정하는 데 있어 가장 기초적인 자료로 사용된다.

이력서가 개개인을 개괄적으로 이해할 수 있는 자료라면, 자기소개서는 한 개인을 보다 깊이 이해할 수 있는 자료로 활용된다. 기업은 취업 희망자의 자기소개서를 통하여 채용하고자 하는 인재로서의 적합 여부를 일차적으로 판별한다. 자기소개서를 통해 대인관계, 조직에 대한 적응력, 성격, 인생관 등을 알 수 있으며, 성장배경과 장래성을 가늠해 볼 수 있다. 자기소개서를 통해 문장 구성력, 논리성뿐만 아니라 자신의 생각을 표현해 내는 능력까지 확인할 수 있다. 인사담당자는 자기소개서를 읽다가 시선을 끌거나 중요한 부분에 대해서는 표시를 해 두기도 하는데, 이는 면접 전형에서 질문의 기초자료로 활용되기도 한다. 대부분의 지원자들이 여러 개의 기업에 자기소개서를 제출하게 되는데, 그 때마다 해당 기업의 아이템이나, 경영 이념에 따라 자기소개서를 조금씩 수정하는 것이 일반적이다. 면접시의 답변이 자기소개서와 다르다면 지원자의 신뢰성에 큰 타격을 주게 된다. 따라서 자기소개서를 포함하여 기업에 제출한 모든 자료는 반드시 복사본을 보관하고 면접하기 전에 충분히 숙지할 필요가 있다. 특히 자기소개서에서 애매하게 표현되었거나 약점이라고 생각하는 부분에 대해서는 반드시 답변을 준비하는 것이 좋다.

2 면접 유형과 대응법

① 단독(개인)면접

수험생 한 사람을 불러 한 면접관이 개별적으로 질의 응답하는 보편적인 방법이다. 시간이 많이 걸리는 단점이 있으나 한 사람을 조목조목 알아내는 데는 좋은 방법이다. 또한 면접관 여러 명이 한 사람을 불러 놓고 질문하는 개별 면접 형식도 있다. 또박또박 면접관 모두를 상대로 답변하는 것이 중요하다. 대개 처음 2~3분 동안은 자기소개를 하고, 공통적인 질문으로 지원동기, 직업관, 성격, 친구관계 등을 질문한다. 따라서 이야기할 내용을 간결하게 정리해 두는 것이 좋으며, 응답 내용은 다른 응시자와 동일하게 일률화 시키지 않도록 한다. 면접위원 여러 명이 수험생 한 사람을 불러 놓고 질문하는 형태의 면접시험이다. 면접위원이 여러 명이므로 질문도 다각도 여서 여러 가지를 알아낼 수 있다는 이점이 있다. 다만 여기서 주의할 사항은 한 사람의 면접으로부터 질문이 있어 그것에 대해 대답하는 가운데에도 다른 면접위원 전원이 수험생을 관찰하고 있다는 점이다. 따라서 질문을 한 그 면접위원에게만 응답한다는 태도를 취할 것이 아니라, 면접위원 전원을 향해 대답한다는 기분으로 임하는 것은 물론 시선 처리도 주의해야 한다. 면접위원도 그 기업의 수뇌(首腦)로 구성되는 일이 많으며, 수석 면접위원은 채용시험 전체를 관장하는 상무 급의 총무부장이나 인사부장이 일반적이다. 드물게는 사장이나 부사장이 출석하는 예도 있으나, 대기업일수록 이러한 채용시험은 각각의 담당 부서에 맡겨져 있다.

■ 질문의 내용과 주의 사항

개인면접시험에 있어 공통적인 질문으로는 지망동기, 직업관, 성격, 학업, 생활관, 친구관계, 이성, 결혼, 취미, 특기, 스포츠 등이 있다. 대개 최초의 2~3분 동안은 자기소개를 시키는 경우가 많다. 따라서 이야기할 내용을 간결하게 정리해 두는 게 중요하다.

지망동기는 시험 볼 회사를 미리 면밀히 조사해 두고, 면접위원의 공감을 얻을 수 있도록 구체적인 것이어야 한다. 직업관은 회사방문이나 선배를 통하여 배운 것을 바탕으로 자세히 이야기한다. 성격, 학업, 생활관, 친구관계는 자기 자신이 지금까지 해온 실적을 증명함과 동시에 자신의 성격 특성에 대해 가족, 친구 등의 의견을 넣어서 말한다. 이성, 결혼, 취미, 특기 등은 자신의 인간성 본질과 관련시켜 이야기한다.

■ 이밖에 개인면접 시험 시에 중요한 마음가짐

응답내용을 다른 수험생과 동일하게 일률화시키면 안된다. 즉 개성적인 응답내용을 연구하여 보다 나은 응답이 될 수 있도록 해야 한다. 그렇게 하면 처음은 비슷하다 해도 나중에는 개성적인 것이 된다. 그러기 위해서는 보다 많은 자신의 구체적 체험을 응답속에 도입해야 한다.

② 집단면접

면접관 여러 명이 응시자 여러 명을 한꺼번에 평가하는 방법으로, 여러 명을 동시에 비교 관찰할 수 있고, 평가에 있어서 객관성을 유지할 수 있는 장점이 있어 많이 채택된다. 면접관 한 사람이 한 질문을 여러 수험생에게 동시에 하는 경우도 있는데, 서로 비슷한 내용을 답해도 불이익은 없으나, 다른 수험생보다 뛰어난 대답을 하는 것이 좋은 평가를 받는 지름길이다.

경쟁자들과 함께 받는 집단 면접은 그 자리에서 상대 평가가 되므로 특히 신경을 써야 한다. 혼자서 자기주장만 하거나, 다른 사람이 말할 때 한눈을 팔거나, 발언 기회를 놓치고 침묵을 지키는 것은 절대 금물이다. 집단면접은 정답을 요하는 주제를 토론하는 것이 아니므로 다른 사람을 설득시키려고 자기 의견을 지나치게 주장할 필요는 없다. 남의 의견을 경청하고 수용하면서 자기 주관을 펼치는 전략이 효과적이다.

③ 집단토론 면접

응시자 여러 명에게 한 과제를 주어 응시자끼리 서로 토론을 전개시켜, 그 과정에서 특출한 인재를 점찍는 방법이다. 즉 전체 속에서 개인의 리더십, 판단력, 설득력, 협동성 등을 평가하는 새로운 방법이다. 집단이라는 점에서 남을 깔보거나 또는 위축될 일도 아니고, 너무 과격 또는 흥분하는 일 없이 차분히 자기의 논리를 전개해 나가는 것이 유리하다. 자리에서 누군가를 면박주거나 비웃음을 사게 하면 면접관 눈에 어떻게 비칠 것인가를 생각해 보자. 이 방법은 지원자 여러 명(주로 5~8명 정도)에게 특정한 주제를 제시하여 서로 토론시키면서 면접위원들은 옆에서 발언 내용이나 태도 등을 관찰하는 것이다. 이 때 면접위원들은 자유토론이 되게끔 간섭은 하지 않는다.

진행방법에는 회사측 사회자가 주제를 제시해주고 토론시키는 방법, 사회자도 주제도 정해주지 않고 완전히 자유롭게 토론시키는 방법 등이 있다. 이런 집단토의식 면접은 지원자들의 표현력, 이해력, 협조성, 조직적응력, 지도력 등 종합적인 태도와 지식수준을 뚜렷이 드러내기 때문에 어떻게 보면 지원자 측에서는 가장 신경이 쓰이고 부담이 가는 방식이라 할 수 있다. 이 때에 유의할 점은 토론의 주제를 잘 생각해서 발언해야 하며, 다른 지원자의 의견도 경청할 줄 알아야 한다. 자기만이 돋보이고자 유별나게 보이려는 것은 잘못된 생각이다. 보통 토의 주제로 주어지는 내용은 명확하게 결론이 내려질 수 있는 성질의 것이 아니므로 말을 너무 많이 하거나 시간을 끌 필요는 없다. 남의 말을 가로 막는다든지, 지나치게 공박을 가한다든지, 주제와 거리가 먼 방향의 말을 한다든지 하는 것은 바람직하지 못하다.

그리고 주제 내용에 어느 정도 자신이 있을 경우는 논리적이고 설득력 있게 분위기를 이끌어서 자신의 발언이 면접위원들의 인상에 남도록 한다면 성공적이라 하겠다. 만약 주제내용에 자신이 없을 경우에는 섣불리 자기주장을 먼저 펴지 말고 잠시 다른 지원자들의 얘기를 들어본 뒤 그들 중 자시의 생각과 부합되는 내용이 있으면 그 내용을 토대로 나름대로 의견을 조심스레 피력해 보는 것이 무난하다.

④ 합숙전형 면접

응시자와 면접 위원이 2박 3일 정도 합숙하면서 인재를 가리는 방법이다.

기업측에서는 비용과 시간이 많이 들지만 확실한 신인을 발굴한다는 측면에서 종종 채택되는 경우가 있다.

⑤ **프리젠테이션 면접**

요즘 많이 채택되고 있는 면접 방식으로 실무의 부장, 과장 등으로 면접위원이 구성되는 것이 보통이며 응시자의 의견을 개진하는 방식이다. 동일한 주제에 대한 찬반토론 형태의 집단토론을 대체하는 새로운 방식이다. 여러 주제 중 지원자가 가장 자신있는 것을 골라 약 5분간에 걸쳐 설득력이 있는 주장을 펼치도록 되어 있다.

지원자의 지식과 경험이 동원되기 마련인지라 지원자의 문제해결능력, 창의성, 전문성을 평가하기에 좋은 방법이다. 설득해야 할 대상이 무엇을 생각하고 원하는지를 파악하는 것이 중요하고, 처음부터 끝까지 의문을 허용하지 않는 자세로 진행한다. 내용이 빈약한 인상을 주지 않으려면 틈틈이 지원 업종과 시사문제에 관심을 기울여 두는 것이 좋다.

3 면접시험의 순서

① **대기실**

면접시험은 이미 대기실에서부터 시작된다. 조용한 태도로 자기차례를 기다리는 동안 예상되는 질문에 대한 대답을 최종적으로 정리하면서 마음을 가다듬는다. 차례가 가까워지면 다시 한 번 자기의 복장을 살핀다.

② **호출**

담당 직원이 이름을 부르면 똑똑히 대답한다. 면접실 문을 두세 번 노크한 뒤 응답이 있으면 문을 열고 들어간다.

③ **입실**

면접실에 들어서면 조용히 문을 닫은 다음 정면을 향하여 가볍게 허리를 굽혀 절을 한다. 그리고 면접위원에게 정식으로 인사를 하고, "××번 ○○○ 입니다."하고 자기의 수험번호와 성명을 말한 후 의자에 앉아 등받이에 등을 약간 기대는 것이 좋다. 면접위원의 눈을 너무 빤히 쳐다보거나, 시선을 이리

저리 돌리지 말고 면접위원의 가슴 부분을 본다. 다리는 꼬거나 너무 벌리지 말고 가지런히 한다. 두 손을 무릎 위에 자연스럽게 올려놓고 질문을 기다린다.

④ **질의 응답**

질문이 시작되면 침착하게 질문자를 바라보며 주의 깊게 청취하고 답변할 때는 잠깐 생각을 정리한 취 또렷하게 대답한다. 너무 빨리 말하거나 말끝을 흐려 얼버무리는 인상을 주지 않도록 한다. 특히 다음 몇 가지 사항을 주의한다.

1. 솔직하게, 그리고 자신 있는 태도로 대답한다.
2. 대답을 잘 못했다 하더라도 머리를 긁적거리거나 혀를 내밀지 않도록 하고, 질문 내용을 잘 모를 때에는 얼버무리지 말고 다시 묻도록 한다.
3. 질문에 대답할 때 "에~, 저~" 등의 불필요한 말이 나오지 않도록 주의한다.
4. 질문에 대해 자신 있다고 너무 큰 소리로, 너무 빨리, 너무 많이 말하지 말고 또 얼른 대답이 나오지 않는다고 해서 너무 오래 끌거나 잠자코 있어서는 안된다. "잠깐 생각할 여유를 주십시오."하고 말한 다음 생각을 정리해 분명한 어조로 말한다.

⑤ **퇴장**

들어왔을 때와 반대의 동작으로 조용히 면접실을 나간다. 이 때 주의할 점은 면접시험이 끝났다는 해방감에 무의식적으로 문을 거칠게 닫는 일이 없도록 한다. 면접시험이 끝나고 의자에서 일어나면 앉았던 의자를 정돈한 후 15° 정도의 가벼운 인사를 한다. 퇴실할 때도 힘없는 표정을 짓지 않도록 주의한다. 면접위원은 수험생이 들어오면서부터 나가기까지의 일거수일투족을 관찰하고 있음을 기억해 두어야 한다.

4 질의·응답에 임하는 자세

적과 싸워 이기려면 먼저 적을 알아야하는 것과 같이 면접위원이 자기에게 어떠한 질문을 할 것인지를 미리 파악해 둘 필요가 있다. 그리고 긴장을 풀면서 면접위원을 똑바로 응시해야 한다. 아래로 내려 깐다든지 하면 정서 불안, 자신감의 결여, 또는 소극적(내면적)인 인상을 주게 된다. 필요 이상의 답변은 금물이다. 아는 대로 대답하여 패기를 보여 주면 된다. 대개 면접위원은 자기 마음에 드는 유형이 있게 마련이지만, 개별 면접시험이 아니고서는 편견이 점수에 그다지 영향을 주지 않는다. 수험생은 또한 우월감이나 열등감을 보여서는 안되며, 신경질, 엉터리 배짱, 고집, 무관심, 난폭 등의 표현 또는 태도를 보여서도 안된다. 다만 차분함과 명석한 판단, 건전한 사고력을 바탕으로 한 논리 전개, 쾌활한 인상을 심어주기를 잊지 말아야 한다.

① 발랄한 태도

시종 침착하면서도 밝은 표정으로 예의를 지킨다. 때로는 부담스러운 질눈을 받더라도 우물거리지 말고 패기만만한 자신을 드러내 보이는 것이 좋다.

② 음성은 또렷하게

조용하면서도 분명한 대답을 하자. 모르는 것이 있으면 얼버무리지 말고 "모르겠습니다."라고 대답하고 못 알아들은 질문이 있으면 "죄송하지만 다시 한 번 말씀해 주시겠습니까?"라고 다시 반문해도 된다.

③ 바른말과 존대어

정성들여 겸손한 태도로 응대한다 해도 적절한 상황에서 그에 상응하는 존댓말을 잘못 쓴다면 응답의 내용까지도 의심받게 된다. 예를 들어 "지금 질문자가 말한 것인데"라고 응답하는 수가 종종 있는데, 그럴 경우 "지금 말씀하신 것이지만"으로 정정해야 한다. 또 염두에 두어야 할 것은 바른말 쓰기이다. 아무렇게나 "전에 말했지만"하고 말하지 말고 "전에 말씀드렸지만"하는 표현처럼 바르게 써야 한다. 혹은 친구들 사이에 자연스럽게 쓰였던 약어나 은어들이 대화 중에 나올 수가 있으니 이런 사항들도 주의해 두는 것이 좋다. 바르고 올바른 말이란 하루아침에 이루어지는 것이 아니다. 그러므로 일상생활에 있어 항상 조심하여 올바른 언어생활이 습관화되도록 노력해야 한다.

④ 자신 있는 대답

질문에 대한 대답은 논리적이어야 한다. 우물우물 면접위원이 알아들을 수 없는 말은 삼가야 한다. 그리고 일단 질문에 대한 답은 내용이 조금 빈약하더라도 당당하게 이야기한다.

⑤ 과장, 거짓 대답은 피한다

질문사항에 대한 거짓이나 과장은 금물이다. 그리고 필요 없는 사족을 달면서 너절하게 수다를 떠는 것도 좋지 않다. 간단명료하면서 정확히 이야기하면 된다. 모르는 것은 큰 죄가 되지 않지만, 모르면서도 아는 체하는 것은 낙방을 자초하는 일이 될 수도 있다.

⑥ 지나치게 평론가 적인 언동은 삼가

예컨대 시사 문제나 읽은 책에 대한 감상을 물었을 때, 섣불리 아는 체 한다던가 TV에 나오는 평론가의 흉내를 내면서 하는 서투른 언동은 오히려 자신의 인격만 깎아 내리는 행동이 되므로 주의해야 한다. 면접위원은 단순히 응시자의 사회적 관심도를 시험하고자 하는 것이므로, 질문 받은 문제라든가 자기가 읽은 책에 대해서 자기 나름대로의 의견을 가식 없이 말해야 한다. 그러는 것이 설사 표현 방법이 세련되지 못했다 하더라도 솔직하게 비쳐질 수 있다.

⑦ 다변 · 궤변은 금물

자기는 어떤 식으로든지 합격하겠다는 욕망이 지나쳐 필요 이상의 말을 한다던가 하는 잘못을 범해서는 안된다. 특히 집단면접 혹은 집단토론을 할 경우 주의해야 할 질문에 대한 응답에 있어서 논리에 맞지 않는 궤변보다는 자기 나름대로 정리해서 결론부터 분명하고 간결하게 대답해야 한다.

⑧ 버릇은 제 2의 천성

남과 대화할 때 은연중에 자신만이 갖고 있는 독특한 버릇이 나타날 수 있다. 질문을 받으면서 입에 손을 댄다던가 응답하면서 손을 흔든다든가, 자신도 모르게 이와 같은 일상의 버릇이 나타나게 된다. 따라서 의식적으로라도 양손을 무릎 위에 단정히 놓고 자세를 가르게 하며, 평소 자기에게 무슨 버릇이 있나, 가족이나 가까운 친구들에게 조언을 얻어 고치도록 노력해야 한다. 응답할 때에는 질문에 답할 때는 질문한 면접위원의 얼굴을 향하고 상대방 눈에 시선을 맞춘다.

상대방이 말하고 있을 때는 적당한 데서 맞장구를 치는 것도 좋다. 이로써 진지하게 듣고 있다는 것을 나타낼 수 있다. 대답하기 곤란하거나 짓궂은 질문을 받게 되더라도 상황에 맞춰 재치 있게 받아넘길 수 있어야 한다. 노골적으로 싫은 표정을 짓거나 불쾌한 표정을 지어서는 안된다. 그리고 면접위원이 계속 꼬리를 물고 질문을 던져올 때는 적절한 대답을 하여 빠져 나오도록 해야 한다. 지방근무 가능여부를 묻는 질문의 경우 대부분이 "서울에서 근무하고 싶다"는 대답을 하게 된다. 이때 면접위원은 "정말 서울 아니면 안되는 겁니까?"하고 다시 질문을 던져오게 되고 수험생은 얼떨결에 "서울하고 충청도는 됩니다."식으로 대답하게 된다. 그러면 "그럼, 충청도는 왜 되는 겁니까?" 하고 또 꼬리를 물게 되는 것이다. 이렇게 계속 꼬리를 물리다보면 나중에는 낭패를 겪게 될 수도 있다. "서울에서 근무하고 싶기는 하지만 현장에서 일을 배우기 위해서라면 지방근무도 감수하겠습니다." 정도로 납변하고 다음 질문으로 넘어가도록 한다.

면접시험도중 질문에 대답을 제대로 못했다거나 뜻밖의 실수를 했다고 해서 도중에 면접시험을 포기해서는 안된다. 마지막 순간까지 최선을 다해 성의를 보인다면 이는 충분히 만회할 수도 있다.

5 면접시 대비 사항

① 충분한 수면을 취한다

충분한 수면으로 안정감을 유지하고 첫 출발에 대한 신선한 마음가짐을 갖는다.

② 얼굴을 생기 있게 한다

첫인상은 면접에 있어서 가장 결정적인 당락 요인이다. 면접관에게 좋은 인상을 줄 수 있도록 화장하는 것도 필요하다. 면접관들이 가장 좋아하는 인상은 얼굴에 생기가 있고 눈동자가 살아 있는 사람, 즉 기가 살아 있는 사람이다.

③ 아침에 인터넷에 의한 정보나 신문을 읽는다

아침에 일어나 조간신문을 읽는다. 충분한 수면으로 안정감을 유지하고 첫 출발의 신선한 마음가짐을 갖는다. 그날의 뉴스가 질문 대상에 오를 수도 있다. 특히 경제면, 정치면, 문화면 등에 유의해 둘 필요가 있다. 면접위원 중에서 시사성의 기사를 수험생에게 질문함으로써 그날그날 돌변하는 정세를 알고 있는가를 확인하는 사람도 있다.

④ 지원 항공사에 대해 사전 지식을 충분히 갖는다

필기시험에서 합격, 또는 서류 전형에서의 합격 통지가 온 후 면접시험 날짜가 정해지는 것이 보통이다. 이때 응시자는 면접시험을 대비해 사전에 본인이 지원한 항공사에 대해 폭넓은 지식을 가질 필요가 있다.

■ 지원항공사에 대해 알아두어야 할 사항

- 회사의 연혁
- 항공사가 요구하는 객실승무원의 인재상
- 회사의 사훈, 사시, 경영이념, 창업정신
- 회사의 항공노선 등의 특색
- 취항노선
- 회사의 잠재적 능력 개발에 대한 제언

6 면접 당일의 준비사항

(1) 복장 점검

① 구두는 잘 닦여 있는가
② 옷은 깨끗이 다려져 있으며 스커트 길이는 적당한가
③ 손톱은 길지 않고 깨끗한가
④ 머리는 흐트러짐 없이 단정한가

특별히 화려한 복장과 요란한 화장을 하지 않도록 주의하면 되고, 안색이 좋지 않은 사람은 피부화장에 신경 써야 한다.

(2) 출발 전 확인할 사항

이력서, 자기소개서, 성적증명서, 졸업(예정)증명서, 회사안내책자, 스케줄표, 취직노트, 지도수첩, 지갑, 도장, 학생증(주민등록증), 손수건, 휴지, 연필, 볼펜, 만년필, 지우개, 메모지, 잔돈, 예비스타킹 등을 준비하자.

(3) 면접시험 금기사항

- 지각은 절대금물이다－10분 내지 15분 일찍 도착하여 회사를 둘러보고 환경에 익숙해지는 것이 필요하다.
- 앉으라고 할 때까지 앉지 말라－의자로 재빠르게 다가와 앉으면 무례한 사람처럼 보이기 쉽다.
- 옷을 자꾸 고쳐 입지 말라－침착하지 못하고 자신없는 태도처럼 보인다.
- 시선을 다른 방향으로 돌리거나 긴장하여 발장난이나 손장난을 하지 말라.
- 응답시 너무 말을 꾸미지 말라.
- 질문이 떨어지자 마자 바쁘게 대답하지 말라.
- 혹시 잘못 대답하였다고 해서 혀를 내밀거나 머리를 긁지 말라.
- 머리카락에 손대지 말라－정서불안으로 보이기 쉽다
- 동종업계나 라이벌 회사에 대해 비난하지 말라.

- 인사관리자 책상에 있는 서류를 보지 말라.
- 유쾌한 사람과 우스운 사람은 다르다—쾌활한 것은 좋지만 지나치게 경망스런 태도는 취업에 대한 의지가 부족하게 보인다.
- 대화를 질질 끌지 말라.
- 질문에 대해 대답할 말이 생각나지 않는다고 천장을 쳐다보거나 고개를 푹 숙이고 바닥을 내려다보지 말라.
- 자신 있다고 너무 큰 소리로, 너무 빨리, 너무 많이 말하지 말라.
- 과장이나 허세로 면접위원을 압도하려 하지 말라.
  최종 결정이 이루어지기 전까지 급여에 대해 언급하지 말라.
- 은연중에 연고를 과시하지 말라.

7 면접 이미지 마케팅

(1) 남자

① 헤어스타일

약간 짧은 듯하면서 자연스러운 헤어스타일이 바람직하다. 젤이나 헤어스프레이 등을 이용하여 단정하게 마무리한다.

② 양복

상하 한 벌이 바람직하고 곤색 또는 회색 계통이 무난하다. 단색의 단조로움을 피하고 싶을 경우에는 가는 줄무늬나 체크무늬도 괜찮다.

③ 셔츠

흰색이 무난하지만 푸른색이나 베이지색 등 산뜻한 느낌을 주는 것도 좋다. 다만, 양복보다 밝은 색상을 선택하도록 한다. 그리고 와이셔츠의 칼라, 양복의 깃, 넥타이가 만나는 부분이 산뜻하고 단정한 느낌을 주어야 한다.

④ 넥타이

넥타이는 양복 및 셔츠의 색상과 조화를 이뤄야 하며, 넥타이를 맬 때는 선 자세에서 벨트를 살짝 가리는 정도의 길이로 하는 것이 좋다.

⑤ 구두와 양말

검정색 구두가 단정하고 어떤 색의 양복과도 잘 어울린다. 그러나 양복의 색상이 갈색 계열인 경우에는 갈색 구두가 보다 잘 어울린다. 양말은 양복과 구두의 중간색이 적당하며, 흰색 양말은 절대 피해야 한다.

(2) 여자

① 헤어스타일

커트나 단발 스타일이 활동적인 직업여성의 이미지를 준다. 긴 머리의 경우에는 뒤로 묶는 것이 깔끔한 인상을 준다. 앞머리는 눈을 가리지 않도록 주의하고 짙은 염색이나 강한 웨이브는 삼간다. 또한 미용실에서 막 나온 듯한 스타일도 거부감을 줄 수 있다.

② 화장

자신의 분위기에 맞게 자연스럽고 밝은 이미지를 표현하는 것이 중요하다. 자신의 피부보다는 약간 밝은 톤으로 표현하고 파우더로 눌러 번들거림이 없도록 한다. 눈썹은 자연스러운 곡선미를 살려 부드러운 느낌을 주도록 하고, 립스틱 색상은 너무 진하거나 어두운 색은 피한다. 색조 화장을 할 경우 브라운 톤은 이지적인 면을, 핑크 톤은 화사함을 표현하는데 효과적이지만 진한 톤의 블러셔를 이용한 입체 화장은 피해야 한다.

③ 의상

단정한 스커트 투피스 정장이 좋으며, 컬러는 차분한 베이지나 회색이 무난하고 브라운 톤의 매치도 멋스럽다. 외항사의 경우 조금 더 자유롭게 의상의 색상을 선택해도 좋다.

④ 핸드백, 구두, 스타킹

모두 같은 계열의 토탈 코디로 연출하는 것이 좋다. 구두는 심플한 디자인으로 고른다.

8 면접시험 잘 보는 방법

(1) 대기실에서

30분전쯤 면접장소에 도착하여 대기실에서 침착하고 조용하게 면접을 기다린다. 입실할 때 면접실의 문이 닫혔을 경우 가볍게 노크한다. 자신감 있는 자세로 들어서면서 면접관을 향해 미소 띤 얼굴로 목례한다. 자기 의자 앞으로 가서 수험번호와 성명을 말하고 다시 정중히 인사한 후 자리에 앉는다.

(2) 질의, 응답 때

① 첫인상이 당락의 50%를 결정한다.

대개의 면접관들이 '응시자의 첫인상을 중요시한다'고 말한다. 따라서 무엇보다 밝은 인상, 청결한 자세가 중요하다. 손톱청소, 면도, 이발 상태와 의상, 구두 등에 만전을 기해야 하는데, 전날 미리 준비해 두어야 하며 표정연습도 해 두는 노력이 필요하다.

미국 빙상스타 '카타리나 비트'는 완벽하게 웃는 표정을 만들어내기 위해 거울 앞에서 3천번을 연습했다고 한다. 운동선수라 하더라도 인정받기 위해서는 운동기술 외적인 요소도 중요하다는 걸 간파한 '비트'의 지혜를 빌리자.

② 귀를 열어 잘 듣는다.

면접관이 질문을 하는데 긴장된다고 해서 손을 만지작거리거나 시선을 이리저리 옮기면 크게 감점된다. 면접관이 말할 때는 그의 입술을 바라보며 진지하게 듣고 있다는 표정을 짓는다. 면접관이 나이 지긋하신 분일 경우 간혹 질문보다 설명이나 훈계조의 말이 길어지는 경우가 있다. 이럴 때라도 지루한 표정을 짓지 말고 끝까지 듣는 진지함을 보여야 한다.

③ 적절한 경어를 사용한다.

올바른 경어사용법은 쉽지 않다. 특히 경어를 사용할 자리에 오면 신세대들은 '어머님 머리님에 파리님이 계세요'라는 식의 경어법을 쓰는 경우가 많다. 하지만 면접관에게 경어 사용법도 모른다는 인상을 주면 곤란하다. 어른들은

'버릇없는 아이'를 제일 싫어하므로, 미리 시간, 장소, 사람 등에 따라 달라지는 경어를 익히도록 한다. 특히 지원회사를 언급할 때 회사이름을 직접 말하지 말고 '귀사'라고 하면 호감을 준다는 점을 기억해 두도록 하자.

영어인터뷰의 경우 면접관의 성별에 따라서 "Ma'am"과 "Sir"의 호칭을 반드시 구별해서 쓰도록 주의한다.

④ 자신의 평소 스타일로 대화한다.

대통령이 대국민 담화문 발표하듯이 문어체 표현을 사용한다거나 군기 든 이등병처럼 말하면 대화의 경험이 없어 보인다. 그렇다고 특정인의 '대화법'을 흉내내는 것도 꼴불견이다. 자신이 평소 남들과 이야기할 때의 대화법을 조리있게 사용해야 어색하지 않다.

⑤ 알아듣기 쉽게 말한다.

'알아듣기 쉽게'라는 건 두 가지 의미가 있다. 말의 하드웨어적 측면에서 보면 너무 빠르게, 너무 많이 말하지 말라는 얘기이다. 말의 핵심을 놓치거나 가벼워 보이면 좋을 게 하나도 없다. 소프트웨어적인 면으로는 어려운 용어나 전문 용어, 대학가의 은어, 사투리 등을 절제 없이 사용하지 말라는 뜻이다.

영어인터뷰의 경우 반드시 결론부터 이야기하고 설명을 덧붙여서 이야기해야 한다.

(3) 위기상황 때

① 위트로 탈출한다.

만약 당신이 나이 서른쯤 된 나이든 지원자라고 하자. 면접관이 신입사원의 평균연령이 몇 살인지 아느냐고 물었다. 이 말은 '당신의 나이가 너무 많지 않느냐'는 우회적 물음이다. 이 때 '나이와 업무는 상관관계가 없다고 생각합니다'라고 답변하면 분위기만 굳어진다. 이럴 땐 레이건처럼 유머를 동원하는 기지가 필요하다. "저는 동료들이 나이어려서 경험이 부족하고 아직 미숙하다 하더라도 결코 얕보지 않고 제 성숙함으로 도와주며 일할 자신이 있습니다."

② 솔직함을 벗어난다.

모르는 질문을 받았을 때 아는 체하려 변명을 늘어놓으면 거짓말에 능숙하다는 인상을 받으며 답변이 생각나지 않는다고 고개를 숙이거나 먼 산을 보면 패기가 없어 보인다. 차라리 솔직하게 모르겠다고 말하고 부족함을 채우기 위해 더욱 열심히 노력하겠다는 겸양으로 대신한다. 그러나 모르겠다는 대답이 반복되면 솔직한 것이 아니라 무성의하게 보인다.

(4) 퇴장할 때

퇴장할 때 예의바른 자세와 태도를 끝까지 유지한다. 자리에서 일어나 '면접기회를 주셔서 감사합니다' 하고 정중히 인사한 후 문쪽으로 간다. 문 앞에서 가볍게 목례를 하고 나간다. 어떤 사람은 지나친 겸손으로 뒷걸음질쳐서 나가는 경우도 있는데 그러다 넘어지면 큰일난다.

PART 2

영어인터뷰란?

인터뷰영어란?

(1) 영어인터뷰의 개요

영어인터뷰는 회사와 직종에 따라 다르다. 외국인 회사인 경우 한국인 인사담당자가 경력 일반에 대해 질문하고 외국인 담당자가 어학력을 체크하는 때가 있다. 국내에서도 외국인밖에 없는 회사나 해외의 화사인 경우는 면접이 영어로 행해지는 것이 보통이다. 또는 채용 후의 필요에 따라 면접을 모두 영어로 하는 회사도 없지 않다. 면접에서는 그런 급작스러운 일도 생긴다는 것을 미리 각오하고 있어야 한다. 영어면접은 평소의 회화력을 테스트하는 것이기 때문에 상대의 질문을 잘 듣고 정확하게 대답할 수 있다면 그렇게 염려할 필요가 없다. 최근 최종면접은 응모자의 개별면접이 대부분이다. 면접장소도 특별히 마련된 회의장을 사용하기보다는 작은 응접실 같은 곳에서 1,2명의 담당자가 하는 것이 일반적이다.

(2) 영어인터뷰에서의 대처 요령

면접에서 실패하는 원인으로는 지나친 긴장감, 침착성의 상실, 자신감의 결여, 애매한 대답, 또한 지나치게 말을 많이 하는 것, 예의범절의 결여 등을 들 수 있다. 하지만 자신의 결점을 알고 이것을 어떻게 극복할 것인가를 생각해 두면 영어면접을 원만히 치를 수 있을 것이다.

(3) 영어인터뷰의 체크 포인트

① 표현력

영어인터뷰에서는 영어로 말할 때의 표현력이 심사대상이 된다. 그러나 여기서 말하는 표현력이란 유창한 영어보다는 간결성, 명쾌성, 논리의 통일성 등을 말한다.

② 자주성

호기심을 만족시키기 위해 스스로 조사해 보거나 공부하는 것이 자주성과 연결된다. 어떤 일을 막론하고 자주성이 있다는 것은 인생을 살아가는 데 있어서 매우 중요하다. 이것이 대화를 통해 나타나지 않으면 안된다. 무슨 일이든 회사와 상사, 동료에게 의지하려는 자세는 금물이다.

③ 책임감

자주성이 있으면 '내가 할 일은 내가 책임진다.'는 책임감이 생긴다. 회사로서는 일을 맡겨도 될 것인지, 주어진 일을 끝까지 성실하게 해 나갈 수 있는지를 경영과 조직의 입장에서 평가하게 된다.

④ 자부심

책임있는 행동을 할 수 있는 사람은 그만큼 자부심도 가지고 있다. 여기에는 강한 자기주장이 있지 않으면 안 된다. 특히 영어권의 문화에서는 위에서 말한 5개 항목을 집대성하여 논리 정연하게 자기주장을 하는 사람이 높은 평가를 받는다. 다만, 상대에 따라서는 자부심을 자화자찬으로 해석하는 사람이 있으므로 이 점에도 아울러 주의해야 한다.

⑤ 협조성

우리나라에서 '협조성'이라 하면 자신을 희생하고 인내하는 것에 대한 완곡한 표현일 경우가 많다. 그러나 구미식 협조성은 상대를 생각하는 일과 때로는 주도권을 갖는다는 강인한 개성이 합치된 것을 말한다. 상황에 따라 밀고 당기고 하는 자질을 선호한다는 점에서는 동서양의 차이가 없다. 기업과 조직에는 서로의 입장을 이해하고 항상 사람들과 원만하게 지낼 각오와 자신감이 없어서는 안된다. 자주적으로 일할 수 있는 사람은 환영받지만 고집이 센 독불장군은 혐오를 받게 된다.

⑥ **목소리의 톤**

어두운 목소리는 첫인상을 나쁘게 만든다. '목소리는 선천적인 것이다.'라고 생각하는 사람도 있을 것이다. 그러나 미리부터 포기하면 잘못이다. 처음엔 음침한 목소리로 말하면 끝까지 그런 식의 음성이 나오게 된다. 그러므로 의식적으로 첫 마디를 명랑하게 말하도록 하자. '성우가 아닌 이상 그렇게 할 수 없다.'는 생각을 하지 말고 조금이라도 더 좋은 인상을 주게끔 노력해야 한다. 영어는 억양으로 감정전달이 되는 언어라는 것을 잊지 말자.

영어인터뷰에서의 주요 질문

면접은 회사로 볼 때 인재의 보물찾기를 하는 것과 같으므로, 응시자의 능력을 모든 면에서 알아보기 위해 담당자는 노심초사한다. 면접자의 자격과 적성 및 개성 등을 파악하기 위해 면접 담당자는 여러 가지 질문을 하게 된다. 그러나 질문에는 일정한 패턴이 있으므로 그 내용을 예상하고 미리 대답을 준비해두면 유리할 것이다. 다음에 예시한 질문사항을 잘 읽어보고 여기에 대해서만은 잘 대답할 수 있도록 자신에게 알맞은 것을 잘 생각해두기 바란다. 그러나 입학시험이 아니므로 모든 것을 암기에만 의존할 필요는 없다.

일의 성격과 질문의 내용에 따라 다르기는 하지만, 중요한 사항에 대해서는 메모를 해 가면서 이것을 참고로 정확히 대답하는 것이 면접을 성공으로 이끄는 비결이다. 메모에는 기억해 두었던 영어표현을 써 둘 수 도 있다. 그리고 상대방에게 보낸 이력서의 카피를 지참하면 한결 대답하기가 쉬울 것이다. 응답의 내용은 이력서와 마찬가지로 간결, 명료하면서도 구체적이어야 한다. 주의해야 할 점은 이것이 취직을 위한 면접이라는 사실이다.

(1) 자기소개

처음이 중요하다. 가장 먼저 묻거나 요구하는 자기소개에 대한 답변에서부터 좋은 인상을 심도록 해야 한다. 2분을 넘기지 않는 간결한 표현으로 최대한의 자기를 소개할 수 있는 방법을 강구해 보자.

(2) 학력, 학창시절

학창시절의 공부와 대외 활동에 대해 질문함으로써 지원자의 향상심,의욕, 사회성 등을 알아보고자 한다. 정당한 이유도 없이 2~3년 휴학한 경험이 있더라고 허송했다는 인상을 주어서는 안된다.

(3) 지망동기

지망동기에 대한 언급은 면접관에게 매우 관심이 가는 부분이다. 그러나 지망동기에 대하여 사풍이 마음에 들었다거나 경영방침에 동의하기 때문이라는 등의 답변은 피하는 것이 좋다. 자기 인생의 목표와 일을 중심으로 무엇 때문에 회사를 택하게 되었는지를 설득력 있게 대답해야 한다. 지원한 항공사에 대한 정확한 정보도 아울러 필요하다.

(4) 희망 직종, 업무상의 자격

지금까지의 자신의 과거에 대하여 면밀히 분석해 보고 정확한 평가를 내릴 수 있어야 한다. 희망하는 직종과 자신의 성격이나 적성에 맞지 않을 때는 당연히 좋은 결과를 얻을 수 없다. 또 자신의 장점과 단점을 객관적으로 파악해 두는 일이 중요하다. 승무직과 관련이 있는 학창시절의 관심분야나 아르바이트 경험, 동아리 활동에서의 역할 등을 참고로 활용하면 더욱 좋다.

(5) 대인관계

지원자의 협조성과 사회성을 알아보기 위한 질문이다. 회사는 지원자에게 자주성을 요구하는 한편 조직 안에서 동료와 원만한 관계는 유지하길 원하다. 학창시절 동아리 활동이나 대외 봉사활동 경험이 있으면 이를 잘 활용해서 좋은 인상을 심을 수 있다.

(6) 어학능력

외국계 항공사라도 항공사에 따라서는 거의 영어를 사용하지 않는 곳이 있다. 한편 Bilingual English/Spanish(영어와 스페인어의 2개국어 사용자)와 같이 영어 이외에도 그 기업의 국적에 따른 언어능력을 요구하는 곳도 있다. 항공사에 따라서는 영어실력이 많은 비중을 차지하는 곳도 있는데, 일에 직접 필요한 지식과 능력이 결여되면 채용될 가능성이 없을 것이다.

(7) 취미관계

여가를 보내는 방법에 대해서는 적극적인 자세여부가 체크된다. 일과 사회로부터의 도피가 아니라는 것을 강조해야 할 것이다. 취미와 특기 이야기가 나오면 저도 모르게 열중하는 사람이 있으나, 일과 직접적인 관계가 없는 개인적인 것에 대해서는 길게 말하지 않는 것이 바람직하다. 대답하는 내용이 애매해서는 안 된다.

(8) 급여 관계

외국계 항공사는 급여가 홍정으로 이루어진다는 말을 듣고, 가급적 많이 요구하는 사람이 있으나 이는 절대 금물이다. 철저한 자본주의를 중시하는 그들은 돈과 관련해서는 한 푼도 손해보지 않으려 한다. 급여에 대해 모집광고에 액수를 표시하는 경우도 있으나, 'Salary negotiable(상의 후에)' 또는 'Payment to be decided at interview(면접을 할 때)'라고 쓰여 있는 것도 있다. 희망하는 액수를 자신이 말하는 경우 반드시 액수를 명시할 필요는 없다.

(9) 근무지, 출장관계

외국에서 거주해야 하는 항공사의 경우는 자신이 혼자 외국에서 거주하는 것에 대한 본인의 의견과 가족들의 생각을 분명히 말해 둘 필요가 있다. 취직의 가능성이라는 점에서는 상대방의 요구를 거부하지 않는 편이 좋으므로 질문의 의미를 잘 생각해서 신중히 대답해야 한다.

(10) 건강 문제

외국항공사는 스스로의 건강관리를 매우 중시하는 편이다. 특히 강한 체력을 많이 요구하는 승무직의 경우 응시자가 얼마나 건강한지, 건강관리를 잘하고 있는지 알고자 한다.

(11) 회사 측에 던지는 질문

면접을 할 때는 이쪽에서도 마지막으로 탐색할 필요가 있다. 대부분의 경우는 상대편에서 회사의 상황과 고용조건에 대해 설명해 주기 때문에 먼저 미주알 고주알 캐물을 필요는 없을 것이다. 그러나 의문점을 그대로 덮어두거나 상대의 질문에 적당히 대답하면 상대방에서는 합의된 것으로 간주한다.

면접 담당자 이상으로 질문하는 일은 피해야 하겠으나, 마지막으로 'Is there anything you want to ask ? (무슨 질문이 있습니까?)'라고 물었을 때 곧 침착한 태도로 질문하면 플러스가 될 것이 분명하다. 'May I ask you something?(묻고 싶은 것이 있는데요.)'이라고 하면서 자신의 의문점을 말하도록 한다.

그러나 질문의 방법이 나쁘면 상대에게 나쁜 인상을 주게 된다. 예를 들어 'Is there any paid holiday during the first year?(첫해에도 유급휴가가 있습니까?)'라는 것을 'When can I take my paid holiday ?(유급휴가는 언제 받을 수 있습니까?)'라는 저돌적인 표현으로 물으면 이맛살을 찌푸리게 된다. 이런 잘못을 저지르지 않도록 나름대로 체크를 해서 면접 때 확인할 최소한의 질문사항과 그 묻는 법을 메모해 두기 바란다. 질문은 너무 많아도 안 되고 그렇다고 너무 없어도 좋지 않다.

2 영어인터뷰에 성공하는 원칙

하나=지기(知己)면 백전불패(百戰不敗)

먼저 자기 자신에 대해 잘 생각해 보자. 내가 하고 싶은 일은? 가장 잘 하는 것은? 내 성격은? 나만의 뛰어난 능력은? 이러한 질문에 대해 자신있게 대답해 보자. 빠르면 빠를수록 좋다. 자기 자신에 대해 제대로 모르면서 합격을 구하는 것은 불가능하다. 자신을 알고 항공사에 첫발을 내딛는 것이 무엇보다도 중요하다.

둘 = 지피(知彼)도 백전불패(百戰不敗)

면접을 보러 가기 전, 지원한 항공사에 대해 철저하게 조사해 둔다. 면접장소와 위치, 출발지에서부터의 소요시간, 지원회사와 관련된 기본적인 사항은 물론 자신을 면접하게 될 인사담당자에 대해서도 최소한 직책이라도 파악해 두고, 지원한 분야와 업무에 대한 자신의 생각을 사전에 정리해 두면 답변에 많은 도움이 될 것이다.

셋 = 예상질문과 답변 + 실전 연습

"자신에 대해 소개해 보십시오" 경직된 분위기를 다소 풀어보려는 의도에서 인사담당자들이 가장 먼저 혹은 가장 많이 물어보는 질문이다. 면접자의 입장에서도 이 질문은 답변하기 쉬우면서도 어떻게 답변하느냐에 따라 자신의 첫인상을 결정지을 수 있는 기준이 되기 때문에 신중하게 답변해야 한다. 어디에서 태어나고 무슨 학교를 졸업했다로 시작되는 너무나 평범한 답변보다는 자신을 멋지게 홍보할 수 있는 좋은 기회라고 생각하고 자신만의 인상적인 답변을 준비해보자.

넷 = 단답형의 답변보다 구체적으로 이야기 보따리 풀기

인사담당자가 "당신의 장점은 무엇입니까?"라고 물었을 때 "네, 책임감이 강하고 서비스 마인드를 갖추었다고 생각합니다."라고 끝내는 것보다는 그 답변에 덧붙여 학교생활에서나 전 직장에서 당신이 책임을 맡고 수행했던 일의 과정과 결과, 그리고 어려운 문제를 어떻게 해결해 나갔는지를 간략히 이야기하면 더 신뢰할 만한 답변이 될 수 있다. 오히려 한 예를 들어 던진 질문에 답변으로 가늠하는 것도 새롭다.

다섯 = 솔직담백하게 대답하라

자신의 상품성을 높이기 위해 거짓말을 하면 그 순간은 모면할 수 있을지 모르지만 결과적으로는 당신에게 손해가 된다.

여섯 = 리드미컬한 대화의 흐름 유지

면접도 하나의 기술이다. 분위기를 부드럽게 풀어나가 서로 찜한다는 느낌이 들도록 대화를 이끌어 보자. 질문에 대한 답변만을 성실하게 한다고 좋은 인상을 받는 것은 아니다. 준비한 질문을 적절한 때 사이사이에 언급해 보아라. 자신이 없다면 면접에 대한 전략을 세우고 대화에 응하는 기술만이라도 꾸준히 연마해 보자.

일곱 = 친밀한 신뢰감 구축

자신을 나타낼 수 있는 서류 몇 장과 들려오는 당신의 목소리, 면접장에 들어오는 태도, 인사하는 법, 앉은 자세, 말하는 법등을 통해 인사담당자는 아주 세세한 부분에서부터 당신에 대한 점수를 매기게 될 것이다. 좋은 첫인상은 친밀감과 동시에 신뢰가 느껴지는 당신의 정돈된 행동에서부터 시작된다.

여덟 = 귀를 녹음기로, 눈을 녹화기로

당신에게 할애되는 짧은 면접시간 동안 자신을 충분하게 홍보하기란 무척 힘든 일이다. 대다수의 지원자들은 짧은 시간 내에 자신의 상품성을 내세우느라 가능한 한 말을 많이 하려고 노력한다. 그러나 인사담당자의 말을 진지한 태도로 청취하는 것, 내 눈에 넣고 응시하는 것. 이것이 오히려 요란한 몇 마디 자기홍보보다 당신의 상품가치를 높일 수 있는 효과적인 방법이 될 수 있다.

아홉 = 면접에 열중하다 보면 혹시나...

면접 중 또는 몇 차례 진행되어 당신에 대해 호감을 가지고 좀 더 구체적인 이야기로 들어가게 되면 행여나 당신이 생각하고 있는 근무조건(급여 등)에 대해 궁금증을 준비한 듯이 말하지 말라. 일반 기업체라면 끝마무리에 간단히 언급하는 것도 있을 수 있지만 흔치않은 승무원 시험에 대략적으로 자신들의 회사 정보는 꿰뚫고 왔다고 보이는 바 이런 질문은 자신없는 태도표명, 회사의 조건과 차이가 많이 나는 답변 등과 함께 최종 관문에서 당신을 떨어뜨릴 수도 있다.

열 = 면접후의 마무리&마무리

면접이 끝났다고 허술하게 행동하지 마라. 인사를 제대로 하지 않고 급하게 뒤돌아 나온다거나 허둥대는 모습은 당신에 대한 모든 신뢰를 허물어 뜨릴 수 있다. 정돈된 태도와 바른 인사법으로 면접을 끝내는 것이 중요하다. 특히 외국항공사의 경우 며칠 뒤 감사편지를 보내는 것이 좋다. 면접기회를 갖게 되어 감사하다는 말과 일에 대한 당신의 열정과 당신의 상품성을 다시 한 번 표현하고 공손한 끝인사를 하는 것이 필요하다.

■ 면접관의 Check List

1. Self-control
2. Emotional stability
3. Stress tolerance
4. Self confidence
5. Mental flexibility
6. Empathy
7. Teamwork
8. Assertiveness
9. Rule adherence
10. Communication
    1) Verbal skill=Clear way of speaking
    2) Polite way of speaking
    3) Information sharing
11. Initiative

PART 3

영어인터뷰 예문

1. 자기소개

May I have your name and number, please?
Name and examination number, please.
이름과 응시번호를 말하세요.

Answer

My name is Sumi, Kim. My examination number is 30852.
제 이름은 김수미입니다. 수험번호는 30852입니다.

Would you please tell us something about yourself?
Could you tell me about yourself?
Can you introduce yourself?
Tell me a little bit about yourself, please.
간단한 자기소개를 하세요.

자기소개는 의례적인 질문중의 하나이다. 이 질문의 목적은 자기소개 내용으로 인터뷰의 처음을 자연스럽게 시작하고자 함이다. 그러나 학교와 나이만을 얘기하는 진부한 자기소개는 면접관의 관심을 끌 수 없다. 어느 항공사를 지원하든지 이 질문은 의례적인 기본질문이므로 자신의 장점과 특이사항을 확실히 알릴 수 있는 답변을 준비해야 한다.

Answer 1

Yes, sir. My name is Kim, Sunyoung. I am 21 years old and live in Sokong-dong, Seoul. I come from a large family : there is my father, my mother, 2 brothers, and 3 sisters, My father is an engineer and he has been working for a company for 20 years. My brothers and sisters are all students. I don't get a chance to see my parents often, so I visit them only on the holidays. I am currently single and have no plans of getting married in the near future. My philosophy on life is living faithfully and doing my best in everything. I mix and get along well with others. My friends say that I am a very likeable person. I have studied hard to get the knowledge, skills and attitude needed for becoming a successful flight attendant applied for this job for two reasons.

제 이름은 김선영입니다. 21살이고 서울 소공동에 살고 있습니다. 저희 가족은 대가족입니다. 부모님과, 오빠 두 명, 언니 세 명과 살고 있습니다. 제 아버지는 엔지니어시이고 20년 동안 회사에 다니셨습니다. 제 언니와 오빠들은 모두 학생입니다. 저는 부모님을 뵐 시간이 많지 않아서 주말에 부모님을 뵈러갑니다. 저는 지금 미혼이며, 당분간 결혼할 계획이 없습니다. 저는 다른 사람들과 잘 어울립니다. 제 친구들은 제가 매우 호감이 가는 사람이라고 합니다. 성공적인 승무원이 되기 위해 필요한 지식, 기술과 태도 등을 익히기 위해 열심히 공부했습니다.

Answer 2

My name is Park Sun-Young. I am a twenty - year - old sophomore college student. I live in Sokong-dong, Seoul. I like to read and go to the movies. I also like sports, especially bowling. I can play the piano and speak English and Japanese well. I am fairly outgoing. I hope to get a job where I can travel and meet a lot of people.

제 이름은 박선영입니다. 20살이며 대학 2학년에 재학중 입니다. 서울 소공동에 살고 있습니다. 취미는 독서와 영화감상입니다. 저는 피아노를 칠 수 있으며, 영어와 일본어를 할 수 있습니다. 제 성격은 상당히 외향적입니다. 여행을 하며 사람들을 많이 만날 수 있는 직업을 갖고 싶습니다.

Answer 3

I consider myself to be a motivated and driven person. I believe in a work ethic of perserverance and hard work. I am not a quitter and I never give up until the job is done. I believe that this has given me respect from my peers. My style is showing leadership through example instead of words.

저는 쉽게 동기가 부여되는 편이라고 생각합니다. 또한 직장생활을 하는데 있어서 인내와 성실이 중요하다고 믿습니다. 쉽게 포기하지 않으며, 제가 하던 일이 완수되기 전까지는 절대 중도포기하지 않습니다. 이러한 성격이 동료로부터 존경을 받을 수 있게 하였습니다. 저의 리더십 스타일은 말로 하는 대신 행동으로 솔선수범하는 것입니다.

Answer 4

I graduated from Hanseo University with a B.A. in the winter of 2004. My past experience has given me numerous experiences in customer relations. I consider myself a people person. My communication skills make me an excellent candidate for this job.

저는 2004년 겨울에 한서대학교를 졸업했으며, 과거의 직장경력에서 고객과의 다양한 경험을 할 수 있었습니다. 저는 사람들과 친화적이라고 생각합니다. 뛰어난 대화능력이 이일에 적합하다고 생각합니다.

Answer 5

My name is Kim, Sumi. I'm 26 years old. I'll finish Hankook University in August. I'm working at a IBM company as a secretary and when I was a student I was worked as a tour conductor for a part time job. I like traveling and people. I flew to Europe two summers ago, and I was impressed with the job the flight attendants were doing. They kept people comfortable and relaxed through the flight, and helped us enjoy the trip. I came back to Seoul after vacation and thought about that flight. And then I did some research on airline jobs and conditions. I even got a friend to introduce me to a friend of his, who works as a flight attendant for one of Korea's Airlines. I think when a man finds a job that he really wants to do, he's found a treasure to last him all his life. Of course, it's also a big responsibility, and not always easy. I'd like to develop myself and learn new skills like service, communication, and interpersonal skills. I'd like to take it as a great chance to be a better person. If I have a chance to work as a stewardess, I will do my best. Thank you for listening.

제 이름은 김수미입니다. 저는 26살이며 내년 8월에 한국대학을 졸업할 예정입니다. 저는 학교에 다니면서 IBM에서 비서로 일했으며, 아르바이트로 여행사에서

Tour conductor로 일했습니다. 저는 여행도 좋아하고 사람만나는 것도 좋아합니다. 2년 전에 유럽에 갈 때 비행기를 탔었는데 그때 승무원을 보고 강한 인상을 받았습니다. 승무원들은 여행내내 편안한 분위기를 만들어 주었고 여행을 즐길 수 있도록 도와주었습니다. 여행에서 서울로 돌아온 뒤 그것에 대해 생각해 보게 되었습니다. 그 후에 승무원이라는 직업에 대해 관심을 갖고 알아보게 되었습니다. 저는 승무원으로 일하는 친구를 소개받게 되었습니다. 자신이 원하는 직업을 갖는다는 것은 인생에 있어서 보물을 찾는 것과 같다고 생각합니다. 물론 책임감이 따르고 쉬운 일이 아닐 것입니다. 저는 제 자신을 계발시키고, 새로운 기술과 대인기술, 서비스 등을 배우고 싶습니다. 저는 더 나은 사람이 될 수 있는 기회를 갖고 싶습니다. 제에게 승무원으로 일할 수 있는 기회가 주어진다면, 최선을 다하겠습니다.

Q When were you born?
생년월일을 말하세요.

Answer

I was born in 1984 on september 15th.

저는 1984년 9월 15일에 태어났습니다.

Q Where is your family from?
본적이 어딥니까?
What is your present address?
현재 살고 있는 곳의 주소를 말하세요.
Where were you born?/ Where is your birth place?
어디서 태어났나요?

Answer

I was born in Seoul. And my family moved one time. From seoul to bundang. So I live in bundang now. Bundang is good place to live. Because there are many parks and shopping malls. Habitants are very kind. Most of all traffic is very convenient.

저는 서울에서 태어났습니다. 그리고 저희 가족은 서울에서 분당으로 한번 이사

했습니다. 그래서 지금은 분당에 살고 있습니다. 분당은 살기 좋은 곳입니다. 왜냐하면 많은 공원과 쇼핑몰이 있기 때문입니다. 주민들도 매우 친절합니다. 모든 교통편도 매우 편리합니다.

What school did you graduate from?
출신학교를 말하세요.

전공이 승무원과 연관이 있다고 생각되는 분야라면 이때 출신학교와 전공을 같이 말하고 왜 그 전공을 선택했는지를 같이 밝히는 것이 좋다. 그리고 본인의 전공에서 배운 지식이 승무원으로 일하는데 어떻게 유용할 수 있는지도 함께 말한다.

Answer

I graduated Hanseo University last year. My major was Airline & Tourism. I learned lots of useful skills for this job at university. For example, I studied English, and International Manner.

작년에 한서대학교를 졸업했습니다. 저의 전공은 항공관광이였습니다. 대학에서 승무직에 유용한 많은 지식을 익혔습니다. 예를 들어, 영어와 국제매너 같은 과목입니다.

How tall are you?
키가 얼마입니까?

Answer 1

I'm 170 cm tall. I'm taller than average korean women. So I can easily reach to the overhead bins in an aircraft. Women who are taller are helpful to keep passengers safe. For example when aircraft takes off or lands, I can lock the overhead bin properly. And I can easily take out something from the overhead bin. So I think being tall is helpful to work as a flight attendant.

제 키는 170센티입니다. 한국의 평균 여성키보다 큽니다. 키가 큰 여성은 승객의 안전을 지키는데 좋다고 생각합니다. 예를 들어 비행기가 착륙하거나 이륙할 때 머리 위의 선반을 적절히 잠그기에 좋고 선반위에서 물건을 쉽게 꺼낼 수 있습니다. 그래서 승무원으로 일하기에 적절하다고 생각합니다.

Answer 2

Women who are taller are helpful to keep passengers safe. For example when aircraft takes off or lands, I can lock the overhead bin properly. And I can easily take out something from the overhead bin. So I think being tall is helpful to work as a flight attendant.

큰 키는 승객의 안전을 지키는데 도움이 됩니다. 예를 들어 비행기 이・착륙시에 오버헤드빈을 적절히 닫을 수 있습니다. 또한 오버헤드빈에서 물건을 쉽게 꺼낼 수 있습니다. 그래서 큰 키는 승무원으로 일하는데 도움이 될 것입니다.

Q What is your weight?
몸무게가 얼마입니까?

Answer

My weight is 55 kg. I have always been in healthy shape. I jogging, play tennis or do something like that for exercise. But I like cooking and eating with people so sometimes I eat too much.

제 몸무게는 56킬로그램입니다. 운동을 하기 위해서 조깅을 하거나 테니스 같은 운동을 합니다. 그러나 저는 요리를 해서 다른 사람들과 함께 먹는 것을 좋아합니다. 그래서 때로는 너무 많이 먹기도 합니다.

Q What are your favorite sports?
What kind of sports do you like?
가장 좋아하는 스포츠는 무엇입니까?

이러한 질문 하나도 소홀히 대답하지 말자. 승무원에게 유용한 수영이라든지 아니면 팀으로 하는 운동 같이 다른 사람과 함께 어울리는 운동을 예로 드는 것이 좋다.

Answer 1

I like both watching and playing sports. And I enjoy almost all sort of sports, but I especially like tennis and swimming. I run or play tennis or do for exercise. Almost every weekend my family goes hiking.

저는 운동하는 것과 보는 것을 모두 좋아합니다. 그리고 모든 종류의 스포츠를 좋아하지만 특히 테니스와 수영을 좋아합니다. 운동을 하기 위해서 조깅을 하거나 테니스 같은 운동을 합니다. 거의 매주 저희 가족들은 등산을 합니다

Answer 2

My favorite sport is swimming. I can do it very well. I learned it from my friend who majored in sports science.

제가 가장 좋아하는 운동은 수영입니다. 저는 수영을 매우 잘합니다. 스포츠과학을 전공하는 제 친구에게 배웠습니다.

Answer 3

I like all kinds of sports, especially tennis. I usually play tennis with my classmates once a week. Although I don't win many times, I just enjoy spending time with my friends.

저는 모든 종류의 운동은 좋아합니다만 특히 테니스를 좋아합니다. 일주일에 한 번씩 친구들과 함께 테니스를 칩니다. 경기에서 자주 이기지는 못하지만, 제 친구들과 함께 하는 시간을 즐깁니다.

Q

How many are there in your family?
How big is your family?
How many members are in you family?
가족이 몇 명입니까?
Would you tell me about your family?
가족에 대해 얘기해 보세요.

이런 질문은 단순히 가족이 몇 명인지를 알기 위해서가 아니라 그에 따른 꼬리질문(예를 들어 성격에 관련된 꼬리질문)을 하기 위함이다. 그에 대해 미리 생각해 두도록 하자.

Answer

There are five members in my family. I live with my parents and 2 siblings. I'm the youngest.

제 가족은 5명입니다. 부모님과 두 명의 형제와 함께 삽니다. 저는 막내입니다.

What is a good thing about being the youngest(oldest)?
What is a bad thing about being the youngest(oldest)?
가족 중 막내(첫째)여서 좋은 점과 나쁜 점은 무엇입니까?

나쁜점을 묻는 질문은 응답자로 하여금 부정적인 답변을 유도하는 것이다. 이런 질문에 너무나 심각하게 손해를 본 듯 이야기하는 것은 좋지 않다. 누구나 생각할 수 있는 보편적인 좋은점과 나쁜점에 대해 언급하고 심각한 분위기를 만들지 않도록 주의한다.

Answer

I received a lot of parental love and I can easily get many clothes, accessories, and books from my siblings. But whenever they would like something to eat they always asked me. Thanks to that I can cook well.

저는 부모님의 사랑을 많이 받았으며 형제, 자매로부터 옷, 악세사리, 책을 쉽게 얻을 수 있었습니다. 그러나 식구들이 무엇이 먹고 싶을 때마다 저를 시킵니다. 그 덕분에 저는 음식을 매우 잘합니다.

Tell me about your sister.
친언니에 대해 이야기해 보세요.

가족들에 관해 답변할 때는 가족들과 좋은 관계를 유지하고 있으며 서로서로에게 많은 관심이 있음을 예를 들어 말하는 것이 좋다. 본인의 인간관계에 대한 평가는 이런 질문에서도 이루어진다.

Answer

There is two years difference in age between us. She has worked as a flight attendant for a Singapore Airline for the last 2 years. We always get along well. We live in the same house, but we can't meet often, because she usually goes abroad for work.

저희는 두 살 차이입니다. 언니는 싱가포르 항공사에서 2년째 승무원으로 일하고 있습니다. 우리는 매우 사이좋게 잘 지냅니다. 같이 살고 있지만, 일 때문에 자주 외국에 나가기 때문에 자주 만나지는 못합니다.

Do you spend a lot of time talking to your family?
가족들과 얘기를 많이 나눕니까?

가족들과 많은 시간을 함께 할 수 있는 상황이라면 사실대로 이야기하고, 사정상 서로 얼굴을 보고 얘기할 수 없는 상황이라면 이메일이나 전화, 편지 등으로 서로의 안부를 자주 묻고 관심을 갖고 있음을 말하도록 한다. 면접관은 가족에게 관심이 없는 사람이 승객에게 세심한 관심을 보여줄 수 있을 것이라고 생각하지 않는다.

Answer

Oh, yes. We all take time to talk with each other. Especially at meal times, we all get together to eat and talk. Meals are very lively at our house. And we go swimming or play tennis together a lot and hike on weekends and holidays.

네, 서로 이야기를 하면서 많은 시간을 보냅니다. 특히 식사시간에 우리는 같이 모여서 식사도 하고 이야기도 나눕니다. 저희 가족의 식사시간이 매우 활기찹니다. 그리고 주말에는 수영을 가거나 함께 테니스를 치거나 등산을 합니다.

What is your father's job?
아버지의 직업이 무엇입니까?

이때는 직업뿐만 아니라 아버지로부터 배운 점, 부모님에 대한 고마움을 언급하도록 하자.

Answer

He is an engineer. He is who I respect the most in the world. Because he is professional in his field, responsible, and a family man. I love my parents and I always give thank them.

아버지는 엔지니어이십니다. 저는 아버지를 매우 존경합니다. 왜냐하면 자신의 분야에 전문적이시고, 책임감이 강하시며, 가정적이십니다. 저는 저희 부모님을 사랑하고 늘 감사드립니다.

Tell me about your mother.
어머님에 대해 얘기해 보세요.

어머니로부터 배운 점, 어머님과의 친밀감 등을 같이 언급하면 좋다.

Answer

My mother is my best friend. When I have a problem I usually talk with my mother. But my mother wants me to be an independent career woman and she gives me a lot of freedom. So I have no curfew.

My siblings and I studied by ourselves and earned money for tuition. And she always said people need to go abroad. Because the most important thing is to be an independent woman, meet many people all over the world and work with them in various circumstances.

어머니는 저의 가장 좋은 친구입니다. 문제가 있을 때마다 저희 어머니와 이야기를 나눕니다. 어머니는 제가 독립적인 직장여성이 되길 원하시며 많은 자유를 주셨습니다. 그래서 저는 통행금지 시간이 없습니다. 제 형제(자매)들과 저는 학비를 스스로 벌어서 공부를 했습니다. 어머니는 사람들은 외국으로 나갈 필요가 있다고 늘 말씀하셨습니다. 왜냐하면, 독립적인 여성이 되기 위해서는 전 세계의 많은 사람들을 만나고 그들과 함께 다양한 환경에서 일하는 것이 중요하기 때문입니다.

What movie have you seen recently?
최근에 본 영화가 무엇입니까?

영화의 제목과 영화의 내용, 보고난 긍정적인 느낌 등을 이야기하도록 하자. 면접관은 당신이 다른 사람들과 함께 시간을 즐기고 있는지, 마음의 여유가 있는 사람인지, 그리고 남에 대해 지나치게 비평적인 사람이 아닌지 알고 싶어한다.

Answer

I have not seen a movie recently. But I saw a video my friend with at their house. I saw "The Friends." That movie has humanity and is a humorous story. The main idea is friendship between two men.

최근에 영화를 보지 못했습니다. 그러나 친구네 집에서 친구의 집에서 비디오를 봤습니다. 인간적이면서 재미있는 줄거리의 "The Friends"를 보았습니다. 두 남자의 우정에 관한 내용이었습니다.

What's your hobby?
What kind of hobbies do you have?
What is your hobby?
취미가 무엇입니까?

취미에 대한 답변에서 자신의 성격에 대해 가장 잘 나타난다. 종종 인터넷 서핑이나, 십자수 등을 이야기하는 사람들이 있는데 이러한 답변은 혼자서 많은 시간처럼 보이기 쉽다. 승무원에게 요구되는 자질들을 고려하여 답변하도록 하자.

Answer

My hobbies are swimming and traveling. So if I have a chance to visit Dubai, I would like to visit to Arabian Adventures. The region of Arabia is a land of surprises and magic. And I also heard that Al Maha Desert Resort is an exciting place and an exclusive sanctuary in the heart of the desert, located in a 25-square-kilometre reserve set aside for endangered and indigenous wildlife and flora, Al Maha is the first desert resort to be built in the UAE and is of the highest international quality.

제 취미는 수영과 여행입니다. 그래서 만약 두바이를 방문할 수 있는 기회가 주어진다면 아라비안 어드벤처를 방문해 보고 싶습니다. 아라비안 지역은 놀랍고 신비로운 땅입니다. 또한 알마하 리조트 또한 사막의 중심으로 매우 성스럽고 흥미로운 지역이라고 들었습니다.

How long does it take you to get here from your house?
여기서 집까지 얼마나(시간) 걸립니까?

Answer

It takes about 1 hour by car. I usually commute on state roads. I prefer that. When I commute in morning, there are many flowers and beautiful houses on the way to work.

차로 1시간 걸립니다. 저는 대개 국도로 다닙니다. 아침에 출근할 때 많은 꽃과 아름다운 집들을 볼 수 있어서 그 길을 좋아합니다.

How is your health?
당신의 건강은 어떻습니까?

직무의 특성상 규칙적인 생활을 할 수 없는 승무원에게 건강은 매우 중요하다. 면접관은 당신의 건강상태와 건강을 유지하기 위해 어떤 생활습관을 갖고 있는지 알고 싶어한다.

Answer

I have always been in good health. I run or play tennis. But I like cooking and eating with people so sometimes I eat too much.

저는 항상 건강 상태가 좋습니다. 운동을 하기 위해서 조깅을 하거나 테니스 같은 운동을 합니다.

Do you have any visible scars on your body?
몸에 흉터가 있습니까?

승객에게 보다 좋은 인상을 주기 위해 몸에 흉터가 없는 것이 좋다. 그러나 혹시 흉터가 있다면 유니폼을 입었을 때 보이는 곳에 흉터가 없다는 것을 밝히도록 한다. 외항사인 경우 가벼운 질문에는 단답형 대답보다는 아래 답변과 같이 유머러스한 답변을 하는 것도 좋다.

Answer

No, I don't. But I have smile wrinkles around my eyes which I don't like. But people say it's okay. So I try to not to worry about them.

아니요, 없습니다. 그러나 눈 주변에 웃음주름이 있습니다. 저는 그것이 좋지 않습니다만 사람들이 괜찮다고 해서 그것에 대해 걱정하지 않으려고 합니다.

What do you think of your English?
본인의 영어실력은 어떻다고 생각하십니까?

영어 실력이 좋다면 예를 들어 사실대로 이야기하도록 한다. 이때는 겸손한 태도를 갖도록 하자. 영어가 필요한 직업의 특성상 영어를 못한다는 답변보다는 기내에서 서비스를 하는데 있어 불편함이 없는 정도의 영어실력을 갖추고 있다는 것을 말하는 것이 좋다.

Answer

I scored an 850 on TOEIC and studied English conversation for 4 years. I went to San Francisco during my winter and summer vacation when I was a sophomore, and studied English conversation there for a month.

토익 850점을 받았습니다. 4년간 영어회화를 공부했습니다. 2학년 겨울방학 때는 샌프란시스코에 가서 한달간 회화공부를 했습니다.

Do you drink?/What is your limit?
술을 드십니까? 주량이 얼마입니까?

우리나라를 포함하여 동남아에 베이스를 둔 항공사에서는 다소 보수적인 답변을 하는 것이 좋다. 술은 사람들과 어울려 가볍게 즐기는 정도도 좋지만, 담배는 냄새가 나기 때문에 서비스맨에게는 부적절하다.

Answer

I can't drink a lot but I like the relaxed atmosphere being people. And I like drinking cocktails with people.

많이 마시지는 못합니다만 사람들과 어울리는 자유로운 분위기를 좋아합니다. 다른 사람들과 칵테일 마시는 것을 좋아합니다.

What do you think of women smoking?
여성의 흡연을 어떻게 생각하십니까?

다른 사람의 기호에 대한 편견을 표현한다든지, 다른 사람을 욕하지 않도록 주의한다.

Answer

I don't mind if a woman smokes but if one of my friends smoked, I try to persuade her not to. Because smoking has a bad effect on her and other person's health as well.

저는 담배를 피는 여성에 대한 거부감은 없습니다. 그러나 제 친구가 담배를 피운다면 담배를 끊도록 권유하겠습니다. 왜냐하면 흡연은 자신과 다른 사람의 건강에 좋지 않은 영향을 주기 때문입니다.

If you could meet a famous person in the world. Whom would you like to meet?
세계에서 유명한 사람을 만날 기회가 있다면 누굴 만나보고 싶습니까?

당신의 관심사에 대한 꼬리질문을 하기 위한 질문이다. 가벼운 분위기로 면접관과 즐거운 얘기를 나눌 수 있는 분위기를 만드는 기술이 필요하다.

Answer

I would like to meet Chanho, Park. He is a baseball star. He is a pitcher for the Texas Rangers. He is same age as me and we graduated from the same university. But I have no chance to met him. He looks very responsible, fashionable, and very handsome. If I had a chance to meet someone from the past, I would like to meet Junghee, Park. He was the president of Korea. He was an innovator and helped developed Korea in the most of Korea respects him.

저는 박찬호를 만나보고 싶습니다. 그는 야구선수로 텍사스팀의 투수입니다. 그는 저와 나이도 같고 같은 대학을 졸업했습니다만 그를 만나볼 수 있는 기회가 없었습니다. 그는 매우 책임감이 강하고 멋지며 잘생겼습니다. 만약 기회가 일찍 있었다면 박정희 전 대통령을 만나보고 싶습니다. 그는 1960년대와 1970년대 변혁의 주역입니다. 대부분의 한국 사람들은 그를 좋아합니다.

Tell me what you learned from a recent book.
가장 최근에 읽은 책에서 배운 점을 이야기해 보세요.

면접관은 당신이 직장 내 다른 사람들과 공통의 관심사를 갖고 있는지 여부를 알고 싶어 한다. 당신이 여가시간을 휴식을 취하면서 동시에 효율적으로 활용하고 있는지, 새로운 것들을 어떤 방법으로 습득하는지에 대하여 말한다.

Answer

I enjoy reading biographies, especially of people who lived in a different era. I recently read Churchill's biography which taught me a lot about the value of leadership and good PR under times of stress.

저는 자서전 읽는 것을 좋아합니다. 특히 다른 시대에 살았던 사람들에 대한 자서전을 좋아합니다. 최근에는 처칠 수상의 자서전을 보았습니다. 그 책을 보면서 어려운 상황에서의 지도력과 홍보의 가치에 대하여 배울 수 있었습니다.

Do you have a boyfriend? If so, how often do you go out on a date with him?
남자친구가 있습니까? 있다면 얼마나 자주 만나십니까?

있는 그대로 답하는 것이 좋다. 이성친구가 있다면 그에 대한 개괄적 정보를 제시해도 무난하다. 그러나 결혼여부는 면접관이 추가 질문이 있을 때 자신의 입장과 상대방(이성친구)의 의향 등을 전달하도록 하자.

Answer

Yes, I have a boyfriend. We are work in the same building and we are the same age. He is a designer. He is very open-minded and humorous. We go out on a date twice a month. Usually we go to Dongdaemun market. It's a great place to go. It's famous for being an affordable and fashionable place. And usually, I can bargain with a person about the price of clothes. It's very interesting. Sometimes I go there just to look around.

네, 있습니다. 우리는 같은 회사에서 일하며 같은 나이입니다. 그는 개방적이며 유머러스합니다. 우리는 한 달에 두 번 정도 만납니다. 우리는 동대문에 같이 갑니다. 그곳은 쇼핑하기에 매우 좋은 장소입니다. 매우 가격이 싸고 멋있는 물건이 많습니다. 그래도 대개 옷값을 흥정할 수 있습니다. 이것은 매우 즐겁습니다. 때때로 저는 구경하러만 가기도 합니다.

Would you think about marring someone who is not Korean?
한국인이 아닌 사람과 결혼하는 것에 대해 어떻게 생각하십니까?

특히 외항사에 지원하는 경우에 다른 문화에 대한 개방성의 정도와 외국생활에 대한 적응도를 알아보기 위해 이러한 질문을 하는 경우가 있다. 인종적인 구별을 하지 않고 모든 사람과 잘 어울리는데 문제가 없다는 것을 언급하도록 하자.

Answer

One of my cousins married an American. Whenever I meet them, they look very happy. They are equal partners in their marriage. I think someone's nationality does not matter to me. The most important thing is his personality. If I marry someone who is not Korea. The most important thing is that we understand each other.

네. 제 사촌중의 한명은 미국인과 결혼했습니다. 그들은 매우 행복해 보이고 서로 많이 도우며 지냅니다. 저는 국적은 중요한 것이 아니라고 생각합니다. 가장 중요한 것은 성격입니다. 제가 한국인이 아닌 사람과 결혼한다면 서로 더 많이 이해해야만 할 것입니다.

Q What type of a man would you like to marry?
어떤 사람과 결혼하고 싶습니까?

응시자의 가치관에 대해 알아볼 수 있는 질문이다. 너무 심각하지 않게 재치있게 답변하도록 하자. 아직 결혼에 대해서 깊이 있게 생각해 본 적이 없다면 많은 말을 할 필요는 없다. 지원자의 가치관과 인생관이 건전한지를 살펴보고자 하는 질문이다. 따라서 지나치게 현실적이거나 이상적인 배우자상을 이야기하면 인격이나 가치관에 문제가 있다고 받아들일 수가 있다.

Answer

I would like to marry someone who is open-minded, responsible and humorous. The most important thing is his personality. But if he is handsome, I would love him more.

저는 개방적이며, 책임감이 강하고 유머있는 사람과 결혼하고 싶습니다. 가장 중요한 것은 그 사람의 성격입니다. 그러나 그가 잘 생겼다면 더 사랑할 수 있을 것 같습니다.

Q Have you ever travelled abroad? If so, where to, for how long, and what for?
해외여행을 해 본적이 있습니까? 있다면 어디로, 얼마나 오래, 왜 갔었나요?

독립성에 대해 살펴보고자 하는 질문이다. 경험이 있으면 있는대로, 없다면 그 외에 여행한 경험을 대신 이야기해도 좋을지 양해를 구한 후에 답변하도록 하자.

Answer

Yes, I have. When I was a university student, I worked as a tour conductor for a part-time job, so I travelled to England, Swiss, Italy, Germany, Thailand, Canada. and China. I worked for a few month. But that was a really good experience. I think that experience made me responsible, sociable, and stronger. I learned a lot from that.

네, 있습니다. 대학시절 아르바이트로 Tour conductor로 일했습니다. 그래서 영국, 스위스, 이태리, 독일, 태국, 캐나다 중국 등 여러 나라를 여행했습니다. 몇 달이였지만 매우 좋은 경험이였습니다. 제 생각에 그런 경험들이 저를 책임감있고 사회적이며 강한 사람으로 만들어 주었습니다. 여행을 통해 많은 것을 배웠습니다.

What is the most memorable experience from all your travels?
어떤 여행이 가장 기억에 남습니까?

여행 경험에 대해서 얘기할 때 특정 나라나 사람들에 대해 욕하지 않도록 하자. 되도록 좋았던 경험에 대해 얘기하도록 하자. 나쁜 기억을 자꾸 이야기하면 작은 상처와 나쁜 기억을 오랫동안 기억하는 사람으로 보일 수 있으므로 주의하자.

Answer

Canada impressed me the most, because people are very kind and gentle. And Niagara Falls and the Rocky Mountains are beautiful to look at. I ate many kinds of seafood. It was very cheap and delicious. I like to eat different kinds of food. I was very happy there, But if given an opportunity to visit another country I would like to visit Dubai.

캐나다가 가장 인상적이였습니다. 사람들이 매우 친절하였습니다. 그리고 나이아가라 폭포와 로키 산맥은 매우 장관이였습니다. 그곳에서 많은 해산물을 먹었습니다. 매우 싸고 맛있었습니다. 저는 새로운 음식 먹어보는 것을 좋아합니다. 저는 그곳에서 매우 행복했습니다. 그러나 저에게 다른 나라를 여행할 기회가 주어진다면 두바이를 방문해 보고 싶습니다.

What is the cultural difference between Korea and canada?
캐나다와 한국의 문화적 차이로는 어떤 것이 있었습니까?

여기서는 캐나다로 예를 들었지만 본인이 방문했던 나라나 만나봤던 외국인들과의 문화적 차이에 대한 질문은 자주 나오는 질문이다. 문화적 차별적인 발언을 하지 않도록 주의한다. 어떤 문화가 우등하고 어떤 문화가 하등한 것이 아니라 단지 차이일 뿐이라는 것을 알자. 또한 무조건 없다고 하는 것 또한 적절치 않은 답변이다.

Answer

When I went to Canada. I thought it was strange that there were many women school bus drivers. Because actually, Most of bus drivers are men in Korea. Then I learned that women drivers were preferred over men. Because women were better in emergency situations. The kind of image that I have is someone who is strong and protective in emergency situation yet soft and supportive in other situations. I'd like to have as women is someone who is both strong and delicate.

제가 캐나다에 갔을 때 많은 스쿨버스 운전자 중 많은 사람이 여성이라는 점이 인상적이였습니다. 왜냐면 사실, 한국의 대부분의 버스 운전자는 남성입니다. 남성보다 여성들이 선호된다는 것을 알았습니다. 왜냐하면 여성이 위급상황에서 더 낫기 때문입니다. 제가 갖고 있는 이상적인 이미지는 위급상황에서 강하면서 다른 상황에서는 보호적이지만 부드럽고 조력적인 사람입니다. 저는 강하면서도 섬세한 여성이 되고 싶습니다.

Q

Tell me what you consider to be your strong points and weak points about your appearance.

자신의 외모 중 가장 자신 있는 곳과 자신 없는 곳이 어디입니까?

자신의 외모에 대해 지나친 자신감을 보인다든지 지나치게 비하하는 듯한 답변 모두 좋지 않다. 무조건 없다고 하지 말고 솔직하지만 치우치지 않는 답변을 하도록 하자.

Answer

My weak points are I have smile wrinkles around my eyes, and when I smile my mouth is bigger than other people. I don't like these things about my appearance. But people say it's okay. So I try to not to worry about them.

제 약점은 눈 주위에 웃음주름이 너무 많다는 것과 웃을 때 다른 사람보다 입이 크다는 것입니다. 저는 그것을 좋아하지 않습니다만 사람들이 괜찮다고 하기 때문에 그것에 대해 걱정하지 않으려고 노력합니다.

Do you have any licenses or other special qualifications?
특별한 자격증이 있습니까?

직무에 유용한 자격증이 있다면 언급하지만, 그렇지 않은 자격증을 너무 오랫 나열하지 않도록 주의하자.

Answer

I have driver's license. It have been driving for 7year.
운전면허증이 있습니다. 7년 되었습니다.

Do you have any special skills?
특별한 기술이 있습니까?

업무에 관한 특별한 기술이 있다면 그것을 언급하는 좋다. 그렇지 않다면 이력서에 있지 않은 내용 중 다음과 같은 답변도 가능하다.

Answer

I cook well. I like being with people. I especially make Kimchi soup well. It's one of Korea's traditional foods. and it is similar to stew. It tastes spicy and hot. When people compliment me on what I've cooked, it makes me feel happy. I like being with people and cooking. So sometimes, I invite my friends to my house. I enjoy these time very much.

요리를 잘합니다. 특히 김치찌개를 잘 만듭니다. 한국의 전통음식으로 스튜와 비슷합니다. 매우 자극적이며 맵습니다. 누군가가 제가 만든 음식에 칭찬을 하며 매우 행복해집니다. 그래서 때때로 친구들을 제 집에 초대합니다. 저는 그 시간을 매우 즐깁니다.

What do you think is the most important thing for you to achieve happiness?
당신을 가장 행복하게 만드는 것은 무엇입니까?
What is the most important thing in your life so far?
살아오면서 지금까지 가장 인상 깊었던 일이 무엇입니까?

최근에 가장 빈번하게 나오는 질문 중 하나이다. 솔직하게 답변하도록 하자. 면접관은 당신이 삶에서 어떤 것을 중요하게 생각하는지를 알고 싶어 하는 것이다.

Answer

The most important thing is having good friends. A person can't live by himself in my opinion. It takes a lot of people working together and cooperating to accomplish something. It's really important to have good friends you can talk to. I want to be a good and sincere friend to my friends.

제 생각에 친구들과 좋은 관계를 유지하는 것이 가장 중요하다고 생각합니다. 사람은 혼자 살 수 없습니다. 사람들은 같이 일하고 협력할 많은 사람이 필요합니다. 같이 이야기를 나눌 수 있는 좋은 친구가 있다는 것은 매우 중요합니다. 저는 제 친구들에게 좋고 진실한 친구가 되고 싶습니다.

Q

What basic principle do you apply to your life?
What are the principles you like by?
How did you develop the principles you like by?
좌우명이 있습니까?

좌우명이 무엇인지를 말하는 것은 당신이 인생에 있어서 중요하게 생각하는 것을 알고자 함이다. 솔직하게 이야기하되, 그런 좌우명을 갖게 된 배경에 대해서 이야기하자.

Answer

I try to keep a good relationship with people. I learned that make good relationships with people is more important than the principle. I learned that from my job experience like secretary, waitress, something like that. When I treat people with smile and act sincerely towards a person. It made easy to work people and helpful solving the problems. Thanks to these tips, my incomes are increased and I can make a lot of friends. I don't want to lose that.

저는 사람들과 좋은 관계를 유지하려고 합니다. 저는 원칙보다 사람들과의 관계 유지가 더 중요하다는 것을 배웠습니다. 이러한 것을 제 직장경험에서 배웠습니다. 제가 사람들을 미소로 진실하게 대하면 사람들과 편하게 일할 수 있고 문제를 푸는데 도움이 됩니다. 이러한 상식 덕분에 제 수입이 증가하였고 친구들을 많이 만들 수 있습니다. 저는 이것을 잃고 싶지 않습니다.

What mountains do you enjoy going to?
What is your favorite mountain to go to?
어떤 산을 가장 좋아합니까?

Answer

Bookhan mountain is my favorite mountain. It's located in Kyonggi province near Seoul. Bookhan mountain is a little sleep but has a magnificent view.

북한산이 가장 인상적이였습니다. 이 산은 서울에서 가까운 경기 지역에 위치하고 있습니다. 북한산은 좀 가파르지만 매우 장관입니다.

What place would you recommend foreigners to visit?
외국인에게 한국의 관광지 한곳을 추천한다면 어디를 하시겠습니까?

자신의 기준에서 좋다고 생각하는 관광지를 추천하기 전에 상대방이 관심 분야를 먼저 물어보는 것이 좋다. 그 후에 그에 따른 관광지를 추천해주는 것이 좋다. 모든 질문에 나의 관점이 아니라 타인의 관점에서 생각하고 답변하도록 하자.

Answer 1

Firstly, I'd like to ask what she is interested in, then I would recommend a place. That way I could recommend a place that is more suitable to her.

우선 그녀가 무엇에 관심이 있는지를 알고 싶습니다. 그다음 그에 적절한 장소를 추천하겠습니다.

Answer 2

I would like to recommend to Dongdaemun. It's a very good place for shopping. It's famous for cheap and fashionable clothes. And usually, I can bargain with a vendor for a lower price. Sometimes I go there just to look around.

저는 동대문을 추천하고 싶습니다. 그곳은 쇼핑하기에 좋습니다. 싸고 멋진 옷들로 유명합니다. 그리고 대개, 옷 가격을 흥정할 수 있습니다. 이것은 매우 흥미롭습니다. 종종 구경하러 갑니다.

Answer 3

I'd like to recommend Insadong to them. It's a traditional Korean place. You can enjoy Korean traditional customs and shop for souveniors. You can also see traditional plays, like Neul. It's similar to Siso.

저는 인사동을 추천하고 싶습니다. 한국의 전통적인 장소입니다. 전통의상이나 전통 악세사리와 같은 한국의 전통적인 물건들을 즐기실 수 있습니다. 또한 한국의 널뛰기와 같은 전통 놀이들을 보실 수 있습니다. 이것은 시소와 비슷합니다.

What do you do on the weekend?
주말에 무엇을 하십니까?

솔직하게 이야기하되 아무것도 안한다든지, 잠만 잔다든지, TV만 보는 것과 답변은 좋지 않다. 일주일을 위한 휴식의 시간으로 보낸다든지, 친구와 가족과 함께 보낸다든지, 취미생활을 위한 시간으로 보낸다든지 하는 구체적인 내용의 답변이 좋다.

Answer

I usually meet my friends. Whenever we meet we go shopping, somewhere like Dongdaemun. It's very good for shopping. It's famous for cheap and fashionable clothes. And usually, I can bargain with a person for a cheaper price on clothes. It's very interesting. Sometimes I go there just to look around. After that we go to coffee shop and talk about everything. All of my friends are very sociable and humorous so the time we spend together is really interesting. Sometimes I invite someone to my house and make some delicious food.

대개 친구들을 만납니다. 우리는 만날 때마다 동대문 같은 곳으로 쇼핑을 갑니다. 그런 다음 커피숍에 가서 많은 얘기를 합니다. 제 친구들은 모두 사교적이고 재미있습니다. 그래서 그들과 함께하는 시간이 정말 즐겁습니다. 때때로 저는 사람들을 제 집으로 초대해서 맛있는 음식을 만듭니다.

What is your talent/specialty/skill?/What are you good at?
특별한 재능이나 기술이 있습니까?

특별한 기술이 있다면 솔직하게 이야기하면 된다. 승무원으로 일하는데 활용 가능한 것이라면 더욱 좋다. 그러나 생각해보니 않고 '없습니다'라고 답변하는 것은 성의 없어 보일 수 있다. '이것도 재능이 될지 모르겠습니다만, 저는 OO를 잘합니다'라고 먼저 이야기한 뒤 본인이 잘하는 것을 이야기해도 좋다.

Answer

Well, I wonder if this can be a speciality. I can cook very well. I learned that from my mother. I like to help my mother with her housework. Especially at mealtime, I always help her. I cooked Kimchi soup very well. It's a traditional Korea food that is but similar to stew. It tastes spicy and hot. When people compliment me on what I've cooked, it feel happy. I like being with people and cooking. So sometimes, I invit my friends to my house. I enjoy that time a lot. If you hire me, I can show you. I'd like to invite you to my house and prepare a lot of delicious Korean food, like Kimchi and Bulgogi. I would like prepare a meal for you.

이것도 특별한 것이 될 수 있을지 모르겠습니다. 저는 요리하는 것을 매우 잘합니다. 저는 요리를 어머니에게 배웠습니다. 저는 어머니의 집안일을 도와드리는 것을 좋아합니다. 특히 식사 시간에 항상 어머니를 도와드립니다. 김치찌개를 아주 잘 만듭니다. 한국전통음식이긴 하지만 스튜와 비슷합니다. 누군가가 제 음식에 칭찬을 해주면 매우 행복합니다. 사람들과 함께하는 것과 요리하는 것을 좋아합니다. 그래서 친구들을 집에 초대하는 것을 좋아합니다. 만약 저를 고용하신다면 보여드리고 싶습니다. 저는 사람들을 초대해서 김치나 불고기 같은 맛있는 한국음식을 만들어주는 것을 좋아합니다. 면접관님에게도 만들어 드리고 싶습니다.

In spite of the fact you graduate from university(graduate school), why do you want to be a flight attendant?
대학교(대학원)를 졸업했음에도 불구하고, 왜 승무원이 되고자 합니까?

외항사의 경우 각 항공사에서 기준보다 높은 학력을 가진 지원자에게 이런 질문을 종종 한다. 승무원의 장점과 본인의 자질이 얼마나 이 직업에 잘 어울리는지를 언급한 후 그러한 이유로 지원했다는 점을 밝힌다.

Answer

I enjoyed school. But I would like to work abroad and meet many kind of people in various circumstances. As you can see, I have very beautiful smile. Through this job, I can see the whole world. I'd like to take advantage of this great opportunities and I felt it will help me to become a better person.

저는 그것을 즐겨왔습니다. 그렇지만 다양한 환경의 많은 사람들을 만나고 외국에서 일하고 싶습니다. 당신이 보시다시피, 저는 아름다운 미소를 갖고 있습니다. 이 일을 통해서 전 세계를 볼 수 있을 것 같습니다. 저는 승무원이라는 직업을 통해 더 발전적인 사람이 되고 싶습니다.

When could you start?
언제부터 시작할 수 있습니까?

무조건 바로 시작할 수 있다고 대답하는 것보다는 현실적인 대답을 해야 한다. 무조건 다 접고 당장 일을 시작할 수 있다고 하는 사람은 책임감이 없어 보일 수 있다.

Answer

As soon as you want me. Graduation is in 2 weeks; I have a few details to take care of, and then I am totally available. I will have completed all the required courses to graduate.

아무 때라도 괜찮습니다. 졸업은 앞으로 2주 후인데 자그마한 일들이 좀 있고요, 그 후엔 자유롭습니다. 졸업에 필요한 모든 과정을 마치게 됩니다.

Where do you want to be in five years?
5년 뒤 당신 모습이 어떻게 되어 있으리라 생각합니까?

Answer

I'd like to have the opportunity to work in a plant as well as at the home office. I also hope to develop my management skills, perhaps by managing a small staff.

저는 차후에 재택근무 외에 공장에서 근무하는 기회가 있었으면 합니다. 또한 작은 팀원들을 관리하는 가운데 관리능력을 키우고 싶습니다.

Exercises

Q What kind of books do you like?
어떤 종류의 책을 좋아합니까?

Answer

Q What's the most impressive book you have read recently?
최근에 어떤 책을 읽었습니까?

Answer

2. 지원동기

Why do you want to work for us?
Are there any specific reasons why you want to work for a foreign company?
Do you have any reasons to choose a foreign company?
Why do you want this job? What interests you about our company?
Why are you interested in this job?
Why do you want to be a flight attendant?
What made you choose this company?
What was it that made you decide to choose this company?
What made you pick this company?
Why do you want to work in this industry?
승무원이 되고자 하는 이유가 무엇입니까?
우리 회사에 지원한 이유가 무엇입니까?

이 분야에 관심을 갖게 된 이유를 예를 들어 말하는 것이 좋다. 또한 어떠한 점이라도 지금 현재나 혹은 과거의 업무와 지금 당신이 지원하고자 하는 분야가 일치하는 점이 있다면 이 점을 부각시킨다. 당신이 이 회사에서 얼마나 일하고 싶은지를 보여줄 수 있는 구체적인 증거. 예를 제시하라. 인터뷰 도중에 당신의 이 일에 대한 열정을 계속해서 언급해 준다.

Answer 1

Because, I have thought a lot about being a flight attendant since I was in high school. And I think working, as a flight attendant, would give me the best opportunity to use the knowledge I studied in college.

저는 고등학교 때부터 승무원에 대해 많은 관심이 있었습니다. 그리고 승무원으로 일한다면 일을 통해서 제가 대학에서 공부했던 많은 지식들을 사용할 수 있는 최고의 기회를 가질 수 있을 것이기 때문입니다.

Answer 2

I can say that there are a few reasons ma'am. When I was a university student, I worked as a tour conductor for a part time job. Thanks to that I had many chances to go abroad by plane. At that time I was impressed with the job the flight attendants were doing. They kept people comfortable and relaxed throughout the flight and helped us enjoy the trip. We didn't have to worry about any details. They took care of everything. Secondly I majored in English education, so I'd like to get a job that use my English ability. I can communicate with people in English without any problem. If you hire me I am capable of give a good impression to passengers.

Most of all your base is not Korea. That's important to me. I'm very a independent person. I always paid for my own tuition. I like travelling, meeting and working with many people in various circumstances. So that's why I want to be a flight attendant.

하늘의 천사라고 할 수 있는 각국을 대표하는 민간 외교관으로 세계를 무대로 꿈을 펼쳐나갈 수 있는 전문 직업이라고 생각합니다. 서비스의 대모가 될 수 있는 스튜어디스는 국제적 감각의 세련된 매너와 남을 배려하고 사랑할 줄 아는 심성을 갖춘 서비스 창조자라고 생각합니다. 또한, 승무원은 각양각색의 고객과 접하게 되므로 단순한 기내 서비스뿐 아니라 각국의 환율, 여행정보, 문화 및 환경 등의 변화정보를 갖추어야 합니다. 스튜어디스가 되면 외국어 구사, 세련되고 품위 있는 행동, 풍부한 상식 등 여성으로써의 모든 자질을 스스로 익히게 됩니다.

Q. What do your parents think about you living in Dubai?

두바이에 사는 것에 대해 부모님은 어떻게 생각하십니까?

외항사인 경우에 외국에서 체재해야 하는 경우가 대부분이다. 주변 사람들 모두가 본인이 하려는 일에 지지한다라는 대답을 하는 것이 좋다.'부모님과 상관없이 내 일이다'라고 대답하는 경우가 간혹 있는데 이러한 대답은 금물이다.

Answer

My parents are very supportive of whatever I want to be. They are supportive of me wanting to be a flight attendant. They give me a lot of information about various airlines, the working conditions at these airlines. We talk a lot the positions and negative aspects of being a flight attendant.

제 부모님은 제가 원하는 모든 일에 지원을 해주십니다. 부모님은 또한 제가 승무원이 되고자 하는 점에 지지를 해 주십니다. 부모님이 다양한 항공사와 각 항공사의 복지조건에 대한 정보를 많이 알려주셨습니다. 부모님과 함께 승무원의 장점과 단점에 대해 많이 이야기를 나눕니다.

Q Where do you want to be in five years?
5년 후에 어떤 일을 하고 싶습니까?
What kind of things do you want from your future?
미래에 어떤 종류의 일을 하고 싶습니까?

구체적인 시점이나 직위를 언급하지 마라. 당신의 기술이나 관심 있는 것, 현실적인 문제나 해당분야에서 당신이 기대하는 기회 등과 당신이 그런 경험을 통해 배우기를 바라는 것들에 대하여 이야기하라. 지원하는 분야와 관련이 없는 목표에 대해서는 절대로 언급하지 말아라. 그런 것을 언급하는 것이 잘못된 것임에도 불구하고 많은 지원자들이 이 같은 실수를 하고 있으며, 생각 없이 자신이 현재 일하는 분야에서 자신의 부족한 점을 보여주게 된다. 말할 것도 없이 이런 실수들 때문에 인터뷰에서 실패하게 되는 것이다. 면접관이 알고자 하는 것은 당신의 열정이다.

Answer 1

I'd like to make being a flight attendant in your company the first step in reaching my goals. I'd like to work as long as I can. After retiring from the post, if I have a chance, I would like to write a book for flight attendants as well as a travel guide for tourist.

저는 이 회사의 승무원으로써 첫발을 내딛고 싶습니다. 그리고 가능한 오래 일하고 싶습니다. 승무원으로 정년퇴직을 한 후, 기회가 된다면, 승무원과 여행객들을 위한 안내서를 만들고 싶습니다.

What do you think are a good points about being a flight attendant?
승무직의 장점이 뭐라고 생각하십니까?

이와 같은 질문은 모든 항공사에서 흔히 묻는 질문 중의 하나이다. 그만큼 면접관들은 많은 대답을 들어본 것이다. 피상적인 대답을 하지 말고 승무원이라는 직업을 정확히 이해하고 있는 사람으로서 대답할 수 있는 본인만의 답변을 생각해 두도록 하자.

Answer

I think there are few a positive things. Flight attendants visit many countries and meet many kind of people and work with them. So they have many chances to learn about cultural differences. Your base is not Korea. That's really impressive to me. I'm very a independent person. I really enjoy the bouncing ideas off with people. I believe that I can see the whole world through this job. I like to develop myself and learn new things like service, interpersonal, and communication skills through this job.

제 생각에 몇 가지 장점이 있는 것 같습니다. 승무원은 전 세계의 여러 나라를 방문하고 많은 사람을 만나고 그들과 일을 할 수 있다는 점입니다. 그래서 승무원들은 문화적 차이에 대해 배울 수 있습니다. 이 항공사의 베이스는 한국이 아닙니다. 저는 그 점을 매우 좋아합니다. 저는 매우 독립적인 사람입니다. 아르바이트를 통해 제 학비를 벌어왔습니다. 그 일들 덕분에 사람들과 함께 호흡을 맞추는 것을 매우 좋아합니다. 저는 이 직업을 통해서 많은 세상을 보게 될 수 있다고 믿습니다. 저는 이 직업을 통해서 제 자신을 계발하고 이 직업과 관련된 많은 기술을 배우고 싶습니다.

What do you think are negative things about being a flight attendant?
승무직의 단점이 뭐라고 생각하십니까?

이와 같은 질문은 모든 항공사에서 흔히 묻는 질문 중의 하나이다. 너무 많은 단점을 나열하지 않도록 주의하자. 단점을 언급하는데 그치지 말고 그러한 단점을 잘 알고 있고 그러한 단점을 극복하기 위해 어떤 노력을 하고 있는지도 같이 답변하도록 하자. 또는 일반적인 그러한 단점들이 본인에게는 어떤 이유로 크게 단점으로 작용하지 않는지 생각해 두도록 하자.

Answer

I heard that flight attendants have to stand for many hours and they cross time zones almost everyday. But it's not a problem for me. Because I always keep in shape by running or playing tennis everyday. And I eat many kind of nutritious food. So shouldn't have any problem.

승무원은 장시간 서 있어야 하고 매일 시간변경선을 넘나들어야 한다고 들었습니다. 그러나 이런 점들은 저에게 문제가 되지 않습니다. 조깅이나 테니스 같은 운동을 매일 함으로서 건강을 유지하기 때문입니다. 그리고 건강에 좋은 음식을 많이 먹습니다. 그래서 저는 이 직업을 즐길 수 있을 것입니다.

What's your ideal career?
당신이 생각하는 이상적인 커리어는 무엇입니까?

항공사 승무원으로써 요구되는 자질인 대인관계 능력, 서비스 마인드 등과 관련된 분야에 대한 관심을 나타낸다. 이미 이 분야에 깊은 관심이 있다는 구체적인 예를 제시하라. 예를 제시할 때는 현재의 순간적인 관심이 아닌, 몇 년전 부터 관심을 갖게 되었다는 식으로 말하는 것이 좋다. 또한 그런 결심을 하게 된 계기들과 그동안 준비해온 일들을 답변으로 같이 준비해 두자.

Answer

I'd like to stay in a field related to interpersonal skills no matter what happens. I have been so interested in the service field, so I worked as a waitress in a cafe and a clerk in some clothes stores during every vacation. I believe that jobs in the of service field are somehow in my blood.

서비스와 관련된 분야에 계속 종사하고 싶습니다. 저는 서비스분야에 관심이 많아서 카페와 백화점에서 방학마다 아르바이트를 해왔습니다. 서비스 분야의 직업들은 저에게 천직인 것 같습니다.

Tell me what you know about this company.
우리 회사에 대해 알고 있는 것을 말씀해 보시오.

지원 항공사를 처음 접했을 때나 최근 접했을 때를 설명한다. 다른 회사에서 똑같은 일을 함에도 불구하고, 이 회사에서 일하고 싶어 하는 이 항공사에서 일하고 싶어 하는 특별한 이유는 무엇인가? 면접관은 당신이 그 회사에 대한 순수하고 진지한 관심을 갖고 있는지에 대한 증거를 찾으려고 할 것이다. 해당 항공사의 고객과 직원들로부터 얻는 정보가 더 효과적이다.

Answer

I served as a clerk while interning at an international airport last summer, so I followed all the Airlines passengers closely. What you've done especially well is focus on various customer focused services with great consistency among from the customer's point of view. The business traveler trusts OO Airline's services.

작년 여름에 공항의 외식업체에서 인턴으로 일하면서 귀사의 이용 고객들을 접할 기회가 많이 있었습니다. 귀사의 장점 고객중심의 서비스를 제공한다는 것입니다. 사업차 출장을 다니는 사람들은 좋은 가격과 마음을 편안하게 해주는 승무원의 서비스 그리고 편리한 노선으로 귀사를 신뢰합니다. 저 또한 귀사의 앞으로서 중국 노선확장과 서비스에 관심이 많이 있습니다.

Q What do you know about our company?
우리 항공사에 대해 아는게 있습니까?

지원하는 항공사에 대해 미리 정보를 많이 얻어 두는 게 좋다. 지원하는 항공사에 대해 많이 알고 있는 것이 그 회사에 많은 열정을 갖고 있다는 표현이 될 수 있다.

Answer

The Singapore Airline is expanding rapidly. To ensure the success of this expansion, the need for highly trained and experienced employees is paramount. Singapore Airline is constantly recruiting and providing exciting job opportunities to skilled applicants in various areas. Singapore Airline have employed highly skilled flight crews from around the world. So I think that one of the qualifications to be an Emirates Airlines member is personality, independence, and English ability. So I believe that I'm very qualified to join your company.

싱가포르 항공사는 빠르게 성장하고 있습니다. 이러한 성공적인 확장을 위해서 잘 교육되고 경험이 있는 승무원들을 뽑는 것이 매우 중요합니다. 싱가포르 항공사는 계속적으로 다양한 지역의 재능있는 지원자들에게 지속적으로 기회를 제공하고 있습니다. 싱가포르 항공사는 매우 자질있는 승무원을 전세계에서 고용하고 있습니다. 오늘날 싱가포르 항공은 다양한 국적의 승무원을 보유하고 있습니다. 그래서 싱가포르 항공의 승무원이 되기 위해서 요구되는 자질은 성격, 독립심, 영어능력일 것입니다. 저는 제가 이 회사에 매우 적합한 사람이라고 생각합니다.

Can you live by yourself in another country? Can you handle it?
외국에서 혼자 살 수 있습니까?

외국에서 살 수 있다는 것을 예를 들어 설명해 주는 것이 좋다. 혼자 살아본 경험이 있다든지, 가족들과 여러 방법으로 연락하면서 일과 취미 생활을 열심히 하면서 지낼 수 있다는 것을 구체적으로 이야기하는 것이 좋다.

Answer

Maybe, sometimes I would miss my family and friends. I would write a letter and keep in contact with them by e-mail and call them. But, I'll survive. I'll make many friends and travel to many places and enjoy my life there. I don't think it would be a problem to me. I'd like to take advantage of this opportunity to be better person.

아마 종종 가족들과 친구들을 그리워 할 것입니다. 편지도 쓰고 이메일이나 전화로 그들과 계속 연락을 할 것입니다. 전 견딜 수 있습니다. 저는 그곳에서 친구들도 많이 만나고 다양한 곳을 여행하면서 재미있게 지낼 것입니다. 저는 혼자서 외국에서 지내는 것이 저에게 문제가 될 것이라고 생각하지 않습니다. 오히려 이것이 저를 개발시킬 수 있는 좋은 기회가 될 것입니다.

Have you applied for (work with) any other companies? What other firms are you interviewing with, and for what positions?
다른 회사에도 하셨나요?

비슷한 분야. 규모의 회사(예를 들어 경쟁사)와 인터뷰 중이라는 등의 얘기를 듣고 싶어 한다. 그래야만 당신이 해당분야에 진심으로 관심이 있고, 채용해도 실수가 없을 것이라고 생각할 것이다.

Answer

Actually, I've definitely decided to pursue a career as a flight attendant, so I'm applying only to be a flight attendant. I've recently had interviews with several other large airlines, such as Asiana Airline and Korean Airline.

사실은 승무원을 제가 갈 길로 정했기 때문에 다른 회사의 승무직에 응시했습니다. 최근에 대한항공과 아시아나와 같은 항공사와 면접을 하기도 했습니다.

Do you believe you're overqualified for this position?
당신이 이 직종에 자격이 넘친다고 생각하지 않습니까?

많은 사람들이 이런 질문을 받을 것이라고 예상하지 못한다. 따라서 이 질문은 지원자들을 당황하게 만들기 쉬우며 바로 이것이 질문자의 의도이다. 이런 질문을 받으면 머뭇거리지 말고, 자신의 능력에 대한 자신감을 보여주어야 한다.

Answer

Not at all. My experience and qualifications will only help me to do my job better make me do my job only better, and in my opinion, my interpersonal skills will help to improve you company's service quality. My experience in the service field would help me to handle the various irregular situations in the cabin. My qualifications are a benefit to your company, since you'll be getting a better return for your investment. Again, I'm interested in establishing a long-term relationship with my customers and co-workers, and if I did well, I would expect expanded responsibilities that could even make use of other skills that I possess.

전혀 그렇다고 생각하지 않습니다. 저의 경력과 자격이 일을 하기에 적합하다고 생각하며, 제 대인관계 능력이 이 회사의 서비스 질을 향상시키는데 기여할 수 있을 것이라고 생각합니다. 서비스분야에서의 제 경력이 기내에서 일어날 수 있는 다양한 예측 가능하지 않은 상황들을 처리하는데 도움이 될 것입니다. 제 경력이 귀사에도 도움이 될 것입니다. 왜냐하면 저에게 투자한 것 이상으로 결과를 볼 수 있을 것이기 때문입니다. 저는 고객, 동료들과의 장기적인 관계를 원하며 업무를 잘해낸다면 더 많은 책임을 맡기리라 생각합니다. 그렇게 되면 저의 다른 능력까지도 활용할 수 있을 것입니다.

What's your dream job?
당신이 이상적으로 생각하는 직업은 무엇입니까?

면접관은 지원자가 진심으로 이 분야·회사에 관심이 있는지, 회사에 지원할 때 아무 기준 없이 회사를 골라서 이력서를 낸 것은 아닌지 확인하고 싶어 한다. 다른 사람들과 어울려서 서로 도우면서 일하는 분위기를 얼마나 좋아하는지 말한다. 책임감 있게 맡은 일을 하는 것을 밝혀서 당신의 적성이 해당 업무에 잘 맞는다는 것을 보여줄 좋은 기회이다.

Answer

My dream job would include all of the responsibilities and duties in this position you're trying to fill. I prefer to work in a field where I can take care of people.

맡아서 처리해야 하는 업무와 책임감이 주어지는 일을 하고 싶습니다. 저는 사람들을 돌보는 일하는 것을 좋아합니다.

We have a number of applicants interviewing for this position. Why should we take a closer look at you?
수많은 지원자가 있습니다. 왜 우리가 당신을 가장 적합한 사람이라고 생각해야 합니까?

이 질문은 '왜 우리가 당신을 채용해야 합니까?'라는 질문과 유사하다. 당신의 차별화된 자격요건이나 관심에 대해서 설명한다. 기본적인 자격조건 이외에 당신이 더 가지고 있는 능력이 있는가? 답변을 할 때는 구체적으로 말해야 한다. 어떤 답변이든지 인터뷰 전에 미리 준비해 놓은 것이 있다면, 인터뷰시 그 질문을 받지 않았더라도 면접을 마무리할 때에 주비해 놓은 답변을 활용한다. 이력서에 이미 나와 있는 내용을 다시 반복하지 말아야 한다.

Answer

My aunt had a restaurant and I worked there for 3 years every vacation For that reason I believe I know this field from the ground up, and you can be assured that I know what I'd be getting into as a flight attendant here.

제 이모가 식당을 경영하셔서 3년 동안 방학마다 그곳에서 일했습니다. 그래서 저는 서비스 분야를 잘 안다고 생각합니다. 승무원으로써 무슨 일을 하게 될지 잘 알고 있습니다.

Exercises

What do you know about our company?
우리 항공사에 대한 정보를 어디서 구했습니까?

이 질문에 대해서는 지원 항공사에 대해 오랫동안 관심을 갖고 있었으며, 인터넷과 신문 그리고 주위 사람들에 대해 좋은 평을 듣고 있었음을 언급하는 것이 좋다. 그리고 항공사의 수상내역이나 신문기사 등이 있다면 언급하는 것이 좋다. 지원 항공사가 베이스로 두고 있는 나라와 도시에 대해서는 관심을 보여준다.

Answer

What have you heard about our company from customers, employees, or people?
우리 회사의 고객, 사원들로부터 어떤 것을 배우고 경험했나요?

개인적으로 그 회사에 관련된 것들을 접하면서, 이 회사에 대해 당신의 관심이 어떻게 생겨나게 되었는지를 말하라. 창의적으로 인터뷰를 준비하도록 한다. 예를 들어, 인터뷰 전에 승무원들이나 승객들에 대해 다른 관점에서 얘기를 나눠라. 그들이 말한 것 중에서 그 회사에 대해 관심을 갖게 된 이유를 몇 가지 언급하라. 당신이 그 회사에 관심이 있다는 것을 보여줄 가장 좋은 예가 무엇인지 생각하라.

Answer

Tell me about your career goals.
당신의 목표는 무엇입니까?

Answer

What do you consider to be your most successful achievement and why?
가장 성공적인 성취는 무엇이라고 생각하며 그 이유는 무엇입니까?

Answer

How do you define a "Success"?
'성공'을 어떻게 정의하십니까?

Answer

What are your long term career objectives?
당신의 일의 목표는 무엇입니까?

Answer

What if your boss asks you to do an unacceptable order?
만약 상사가 받아들일 수 없는 주문을 한다면 어떻게 하겠습니까?

Answer

If you are employed, how long are you going to work for us?
채용이 된다면 얼마정도 우리와 같이 일할 수 있습니까?

Answer

Are you willing to spend 6 months as a trainee?
수습기간이 6개월인데 괜찮습니까?

Answer

3. 경력과 업무능력

What do you do?
지금 무슨 일을 합니까?

이때는 직종만 이야기하는 것이 아니라 하고 있는 일의 내용도 구체적으로 설명한다.

Answer

I work at Hankoook company as a secretary. I assist my boss and treat foreign customers with hospitality. When customers visit our company, I try to give them a good impression of our company and I help them to enjoy their business trip. So, I prepared souvenirs or something like traditional korean things. I always try to make them feel comfortable. I'd like to assist them so, I always studied English conversation. Every morning, I go to company about 1 hour earlier than other employees to read newspapers or magazine. Then collect or underline the articles that are helpful to my boss.

저는 한국회사에서 비서로 일하고 있습니다. 저는 상사를 보좌하고 따뜻한 마음으로 외국인 손님을 응대하는 일을 합니다. 손님이 저희 회사를 방문하실 때 저희 회사에 대해 좋은 인상을 가질 수 있도록 하며 그들의 출장을 돕습니다. 그래서 한국의 전통적인 물건과 같은 기념품을 준비했습니다. 저는 항상 그들이 편안하게 느끼도록 도와주려고 합니다. 그들에게 도움이 되고자 항상 영어를 공부했습니다. 매일 아침 1시간 정도 회사에 일찍가서 신문이나 잡지를 읽습니다. 손님들에게 도움이 될 만한 기사가 있다면 스크랩을 하거나 밑줄을 칩니다.

Why do you want to change the job?
왜 직장을 바꾸려고 합니까?

Why are you ready to leave your current job?
왜 지금의 직장을 그만두려고 하십니까?

면접관은 이러한 질문을 통해 당신이 승무직의 어떤 면에 가치를 두고 있는지를 알고자 한다. 본인이 중요하게 여기지만 전 직장에서는 기회가 없었던 면이나, 이 분야에서 더 전문성을 키울 수 있는 것들을 이유로 드는 것이 좋다. 단, 전 직장에 대해서 불만조로 이야기한다든지, 험담을 하지 않도록 한다. 2~3개 정도의 전직 이유를 말하는 것이 좋다. 중요한 점은 현 직장을 욕하는 것은 금물이다. 지금 지원하고 있는 회사가 당신이 원하는 부분, 즉 도전성이나 저 많은 권한 등을 줄 수 있는 점을 말하는 것을 잊지 말아야 한다.

Answer

I enjoyed my previous job, but I'd really to work abroad. I majored in English education. So I'd like to get a job where I use my English ability. I can communicate with people in English with no problem. If you hire me I can make a good impression to passengers with warm-hospitality with my bright smile.

Most of all your base is not korea. I like that fact. I'm a very independent person. I always paid for my university tuition on my own. I like travelling, meeting, and working with many people in various circumstances. So that's why I want to change my job to a flight attendant.

저는 제 직업도 좋아합니다. 그러나 해외에서 일하고 싶습니다. 저는 영어를 전공했습니다. 그래서 영어를 사용할 수 있는 직업을 갖고 싶습니다. 저는 사람들과 영어로 별 문제없이 의사소통할 수 있습니다. 만약 저를 고용하신다면 승객들에게 따뜻한 마음과 환한 미소로 좋은 인상을 줄 수 있습니다. 무엇보다도 이 항공사의 베이스는 한국이 아닙니다. 그것이 제가 가장 좋아하는 부분입니다. 저는 매우 독립적인 사람입니다. 저는 학비를 제가 벌었습니다. 여행도 좋아하고 다양한 환경의 많은 사람들을 만나서 그들과 일하는 것도 좋아합니다. 그래서 제가 직업을 바꾸어 승무원이 되고 싶습니다.

What was the most difficult thing at your previous job?
전 지장에서 어려웠던 점이 무엇입니까?

전 직장에 대해 묻는 질문은 빈출질문이다. 주의할 점은 절대로 전직장의 상사, 동료, 분위기, 업무내용에 대해 욕해서는 안된다. 빈출 질문인 만큼 조심해서 본인만의 답변을 준비해 두어야 한다.

Answer

When my boss got sick or his schedule was too busy or there was an emergency situation, I had to change the schedule or reschedule an appointment. Sometimes it's hard to tell to others. Because they also have another appointment. So, I always try to make boss feel fresh and cheerful. I try to take special care of him and his schedule. I always think that I am a representative person of the company. So I try to give people a favorable impression make them confidence on my company and me.

제 상사가 많이 아프거나 일정이 너무 많거나 위급한 상황일 때, 일정을 바꾸거나 재조정해야 했습니다. 이것은 종종 말하기가 힘든 일이였습니다. 상대방도 또 다른 약속을 갖고 있기 때문입니다. 그래서 늘 상사가 기분이 좋도록 상사의 컨디션과 일정에 세심한 주의를 기울였습니다. 저는 늘 제가 회사의 대표라는 생각을 갖고 일했습니다. 그래서 항상 사람들이 저희 회사와 저에게 좋은 인상을 갖고 신뢰감을 갖도록 할 수 있습니다.

Have you screened telephone calls?
원하지 않는 전화를 처리해 본적이 있습니까?

면접관은 이와 같은 질문에서 당신이 거절하는 방법을 알고자 한다. 서비스 직종이라는 것을 잊지 말자. 상황에 따라서 거절하는 구체적인 방법은 달라질 수 있지만 상대방의 기분을 배려하면서 거절한다는 원칙을 생각하자. 무조건 거절해 본적이 없다고 하는 것은 면접관이 믿을 수 없는 대답이다. 승무원은 안전에 관계된 일에 있어서는 승객에게 거절해야 하는 경우도 생긴다는 것을 염두하도록 하자.

Answer

I screened many calls for my boss from some pretty determined callers. If a caller became angry or upset at not being able to get through, I would say something like, "I'm sorry, Mr. kim is not available this afternoon. If you'll leave your name and telephone number with me, I'll make sure he gets your message as soon as possible." I would politely restate my position until the caller finally realized that he or she was not going to get past my desk. I was always polite but firm.

상사에게 걸려오는 몇몇 전화를 처리해야 했습니다. 전화건 사람이 화를 내거나 제가 다룰 수 없는 경우에는 "죄송합니다만, 사장님께서는 오늘 오후에는 여기에 안계십니다. 이름과 연락처를 남겨주시면 전해드리겠습니다. 가능한 빨리 메모를 받으실 수 있도록 하겠습니다."라고 이야기했습니다. 전화 거신 분이 저를 거치지 않고는 상사와 통화하실 수 없다는 것을 정중하게 알려드렸습니다. 늘 공손하지만 단호하게 행동했습니다.

What might your current boss want to change about your work habits?

당신의 업무 습관 중 현재의 직장상사가 고쳤으면 하는 점은?

면접관은 당신이 그 회사의 상사나 동료들과 얼마나 잘 맞는지, 협동심은 어떠한지에 대해서도 알고 싶어한다. 이 질문에 대한 좋은 답변은 사소한 문제점을 지적하거나, 이전에 있었던 문제점 중 당신과 상사가 잘 해결했던 경험을 설명한다.

Answer

I'm a morning person and she's a night owl. I like to come into the office at least an hour early, usually by seven, to get a jump start on my work. My boss likes to come in after nine and work late into the evening. So I think if she could change one thing about me, she'd probably make me into a night owl, too, so that I'd be available during the same hours she likes to work.

저는 아침잠이 없는 반면 저의 상사는 반대로 밤잠이 없었습니다. 저는 근무시간보다 1시간 정도 이른 7시면 출근하여 하루를 남보다 먼저 시작하는 것을 좋아합니다. 상사는 9시 이후에 나와서 저녁 늦게까지 근무하는 것을 선호합니다. 만일 상사가 저의 한 가지를 바꿀 수 있다면 저도 밤잠이 없는 사람이 되는 것일 것입니다. 그래야 제 상사가 근무하는 시간에 저도 항상 있을 수 있으니까요.

How do you typically organize your work and plan your day?
하루의 계획을 어떻게 세우십니까?

면접관에게 일을 할 때 규정과 규율에 따라서 정해진 순서대로 일을 하는 것에 매우 익숙하다는 것을 알려주어야 한다. 면접관이 이런 종류의 질문을 할 때는 일을 체계적으로 하는 것에 익숙하고 일을 할 때는 순서와 규칙을 정하고 일을 하는지를 알고자 하는 것이다.

Answer

I learned the value of good organizational skills when I worked for two different bosses. I had to juggle many different tasks at one time with a constant stream of papers and I handled and organized my bosses busy schedules. I decided to create a system where I would prioritize tasks for the next day before leaving work the prior evening. I bought an electronic organizer to keep track of key phone numbers, appointments, and meetings. Finally, I physically reorganized my office to gain access to all important documents at a moment's notice.

저는 2명의 서로 다른 상사와 일하면서 좋은 조직적인 기술을 습득했습니다. 동시에 엄청나게 많은 서류와 많은 종류의 일을 다루면서 제 상사들이 일정을 관리해야 했습니다. 일을 마치기 전에 다음 날의 일의 우선순위를 정해두었습니다. 저는 전화번호, 약속, 모임 등을 기록해 두기 위해서 전자수첩을 샀습니다. 그리고 마지막으로, 모든 중요한 서류를 동시에 처리하기 위해 제 사무실을 재배치하였습니다.

What were some difficult things you encountered in your last job?
예전에 했던 아르바이트에서 힘들었던 점이 있었습니까?

아르바이트의 주된 목적은 금전관계도 있겠지만 무엇보다 졸업 전에 사회를 직접 체험하는 것이다. 따라서 아르바이트에 관련된 질문은 지원자의 진취적이고 긍정적인 생활태도를 알아보려는 것이다. 또한 힘들었다는 점을 강조하기보다는 사회생활의 준비단계로써 경험하고 배웠던 점을 강조하도록 한다.

Answer 1

During the tour, sometimes there was a sudden changes, like when the transportation company went on. At that time, we needed to modify or change the tour program. Usually, I had to explain the details of what was happen to the group members. Then ask for their understanding and co-operating in this kinds of emergency situations.

여행중에, 때때로 날씨나 운송업체의 파업과 같은 예기치 않은 상황을 만나는 경우가 있습니다. 그럴 때에는 일정을 변경하거나 수정해야 합니다. 대개는 자세한 사항을 설명합니다. 그런 다음 이러한 위급한 상황들에 대해 손님들의 이해와 협조를 구합니다.

Answer 2

I didn't experience any specific problem. Except for when I say goodbye to children. We get along with each other throughout the tour. When I was say goodbye to them, they cried. It was so sad. Then, I hugged them and took a picture with them. And then, I sent the pictures to them.

특별한 문제는 없었습니다. 그렇지만 아이들과 헤어져야 할 때가 힘들었습니다. 우리는 여행 내내 좋은 관계를 유지했습니다. 제가 아이들에게 헤어지는 인사를 하면 아이들이 울곤 했습니다. 그것은 매우 슬픈 일이였습니다. 그래서 아이들을 안아주고 사진을 찍었습니다. 그런 다음 그들에게 사진을 보내주었습니다.

Answer 3

A tour conductor always provides a local guide to accompany the group throughout the tour. When nearly the Near the end of the program, usually customers give a tip to the tour conductor and local guide. One day the local tour guide asked for a tip to the customers in a blunt manner. He asked for $50 from each of them. The customers looked displeased about that. After all of the customer went to their rooms, I asked him about the situation over a cup of coffee in the Lounge.

I appreciated his kindness and clear explanations of each tour place.

Then I told him that was not an obligation of the customers to gave a tip to us. We should have a more active and sincere attitude towards customers at the end of the tour. And we have to make them satisfied with the tour, instead of asking for a tip from them. It was a little bit hard to say, but he agreed with my opinion. So he apologized to the customers the following morning. Thankfully, after that, he made up for his mistake by a more enjoyable tour and entertaining the clients. Customers seemed to be feel better about the situation. Additionally, after the tour, each of them gave $50 to us as a tip.

투어컨덕터는 여행내내 현지가이드와 동행합니다. 손님들은 대개 여행이 끝나갈 무렵 투어컨덕터와 가이드에게 팁을 줍니다. 한번은 현지 가이드가 손님들에게 무례한 태도로 팁을 요구했습니다. 그는 각각에게 50달러씩 요구했습니다. 손님들은 그것에 대해 매우 불쾌해 했습니다. 모든 손님들이 방으로 돌아간 후에 가이드에게 로비에서 차한잔 하자고 권했습니다. 그리고 그의 친절함과 여행내내 자세한 설명을 해준 것에 대해 감사를 표했습니다. 그 다음 끝까지 손님들에게 성실하게 대해 주었습니다. 손님들에게 팁을 요구하는 대신 손님들이 여행에 더 좋은 인상을 갖도록 했습니다. 이것은 매우 힘든 일이였습니다만 우리는 의견의 일치를 보았습니다. 그래서 그는 다음날 손님들에게 사과를 하였습니다. 고맙게도 그 후에 재미있는 일화들을 설명하며 여행을 더 재미있게 만들었습니다. 손님들도 더 기분이 나아진 듯했습니다. 게다가 여행 후에 각각 50달러씩 팁으로 주었습니다.

What did you learn from that job?
그 일에서 무엇을 배웠습니까?

팀워크, 인간관계, 근면성, 인내심, 참을성 등 승무원에게 요구되는 자질과 연관지어 예를 들어 설명하도록 하자. 부정적인 대답은 금물이다. 직장생활은 여러 가지 경험과 인간관계를 만들어 가는 과정이다. 면접관은 이 과정을 잘 만들어 가고 있는지 궁금한 것이다.

Answer

I learned that developing and maintaining good relationships with people is the most important thing. I don't mean that principles are not important. This experience helped me to become more flexible. When I treat people with a smile and act sincerely towards a person, it made easier to work with them. Actually that was also helps to solve problems. Thanks to these tips, my extra income increased and I made a lot of friends. The most important thing is to satisfy the customer. If I do that, then I feel I've accomplished what I set out to do.

저는 원칙보다는 사람들과 좋은 관계를 유지하는 것이 더 중요하다는 것을 배웠습니다. 원칙이 중요하지 않다는 뜻은 아닙니다. 이러한 경험들을 통해 저의 사고를 더 유연하게 되었습니다. 제가 사람들을 미소와 진실된 태도로 대하면 사람들과 일하기 더 쉬워지고 문제를 해결하는데 도움이 됩니다. 이러한 사실을 안 덕분에 제 소득은 증가되었고 많은 친구들을 사귀게 되었습니다.

How did you learn that?
그런 점은 어떤 계기로 배우게 되었나요?

자신이 아르바이트를 하면서 배우게 된 것들을 구체적인 계기와 예를 제시해야 한다. 그래야 면접관은 당신의 답변을 신뢰하게 될 것이며 당신이 그런 것을 체득한 승무원으로써 준비된 자질을 갖추고 있는 사람으로 인식하게 된다.

Answer

When I worked as a tour conductor, one of my colleagues looks very bright and is friendly in front of people. But as soon as she turns away, her face changes expression. She looks like a cold-hearted person. At first, people had good a impression of her. But eventually people thought that her attitude towards people is not genuine.

제 동료 중 한명은 매우 밝고 사람들 앞에서 잘 웃는 듯 보였습니다. 그러나 다른 쪽으로 고개를 돌리자마자 그녀는 무표정해지고 매우 냉정해 보였습니다. 처음에 사람들은 그녀에게 매우 좋은 인상을 갖지만, 결국은 그녀가 진실한 사람이 아니라고 느낍니다.

Who was the most memorable client at your previous job?
아르바이트 할 때 만났던 손님들 중에 가장 기억에 남는 손님은 누구입니까?

가장 기억에 남는 순간, 가장 기억에 남는 사람을 묻는 질문에 힘들었던 상황이나, 기분이 상했던 순간을 대답한다면 면접관은 쉽게 부정적인 사람이라고 생각할 것이다. 자신의 신세한탄을 하는 자리가 아니다. 좋은 기억과 경험을 먼저 떠올리는 습관을 갖도록 하자.

Answer

When I went on a Europe backpack tour. All of the travellers were university students. All of them were sociable, so that the tour was really active and cheerful. So we were really excited throughout the tour. And another thing is when I went to Europe with a another group, including a couple of journalist, My first impression of them was good but they were said almost nothing throughout the tour. So I was a little bit anxious about how they felt the tour. They smiled from the beginning to the end of the tour. Then we came back to Seoul, After a month was passed, I received a letter from the journalist. They said in the letter, "I offer you my heartfelt thanks for your hospitality" including several pictures. At that time, I was really impressed by their letter and I felt a sense of satisfaction. In return for their letter and picture, I called to thank them. I got in touch with them by e-mail and telephone them, even touching up till now.

제가 유럽으로 배낭여행을 갔을 때, 모든 손님들이 대학생이였습니다. 모든 사람들이 다 사교적이여서 여행은 매우 활기차고 즐거웠습니다. 그래서 여행 내내 매우 즐거웠습니다. 손님들 중에 기자 커플이 있었는데 그들이 여행이 별로 즐겁지 않다고 하였습니다. 저는 약간 기분이 나빠졌습니다. 그러나 여행내내 웃으려고 노력하였습니다. 그들이 서울로 돌아간 후 한달쯤 후에 그 손님들에게서 편지를 한통 받았습니다. "당신의 친절에 매우 감사합니다"라는 말과 함께 사진 몇 장이 있었습니다. 저는 그 편지에 매우 감동받았고 결과에 매우 만족했습니다. 그들이 보내준 편지와 사진에 대해 감사의 전화를 했습니다. 저는 아직도 그들과 이메일과 전화로 그들과 연락을 합니다.

What are your key skills?
당신의 능력 중 가장 주된 것은 무엇입니까?

당신이 가지고 있는 중요한 능력을 이 일을 할 때 어떻게 활용할 것인지에 대하여 말하라. 상투적인 표현이나 일반적인 말은 피하도록 한다. 현재 직장이나 이전 직장에서의 업무와 지금 지원하는 분야의 유사점을 구체적인 예를 들어 제시한다.

Answer

After I studied the airline industry in the university, I developed a number of key skills, including interpersonal skill, problem solving skill, and the ability to handle emergency situations in the cabin. I was very pleased to discover that these are the skills you're seeking. Would you like me to give some specific examples?

대학에서 항공산업에 대해서 공부하면서 대인관계, 문제해결 방법, 기내 위급상황 대처기술 같은 많은 기술들을 익히게 되었습니다. 이 항공사에서 원하는 여러 기술들을 익히게 된 것이 매우 기쁩니다. 제 일에 대해 더 자세한 실례를 말씀 드려도 되겠습니까?

What are your strengths?
당신의 장점은 무엇입니까?

자신있게 말하되 거만하게 보이면 안된다. 다른 사람들이 당신의 업무나 재능 등에 대해 어떻게 평가하는지 말하라. 상투적이고 일반적인 이야기 대신 업무에 필요한 가장 중요한 능력 2~3가지를 예를 들어 제시하는 것이 가장 효과적이다. 그리고 이런 능력을 지원한 항공사에서 활용할 수 있는 방법을 찾아서 설명하라.

Answer

My strengths are good interpersonal skills so I can communicate well with people who have a different point of view with me. Also, I have good judgement about people and an intuitive sense of their talents and their ability to contribute to a given problem. These skills seem directly related to the job. I took several courses related to my field in the university and have been active in one of the clubs. I also try to gain knowledge by reading the Airline industry's journals. I'm certain that my combined knowledge and skill level is the equivalent of other people who actually do have experience in service field.

저의 장점은 대인관계에 남다른 능력이 있다는 것입니다. 저와 반대의견을 갖고 있는 사람들과 편하게 이야기할 수 있습니다. 그리고 사람들의 장점 및 어떤 문제에 기여할 수 있는 능력을 보는데 일가견이 있습니다. 이런 저의 능력들이 귀사에서 제시한 자격요건에 적합하다고 생각합니다. 대학에서 이 분야와 관련된 과목들을 이수하였으며, 이 분야 동호회 등에서 활동한 경험이 있습니다. 또한 항공사 관련 많은 잡지들을 읽음으로써 지식을 쌓아왔습니다. 서비스 분야의 경험을 갖고 있는 사람들 못지않은 경력 및 능력을 가직 있다고 자신있게 말씀드릴 수 있습니다.

What was your greatest problem in your last job?
전 직장에서 가장 큰 문제점은 무엇이었습니까?

심각한 문제를 이야기하지 않도록 주의하자. 문제가 없었다는 대답은 거짓말처럼 들리기 쉬우니 주의하자. 전 직장에서의 문제점과 함께 그 문제를 현명하게 해결하기 위해 노력했던 점을 예를 들어 설명하도록 하자. 이러한 질문에서 당신의 상황대처능력, 문제해결 능력이 나타나게 된다.

Answer

I had to implement a new e-mail system but had a lot of trouble getting long-term employees to use it. So I came up with the solution of including a witty saying or a joke for the first e-mail of each day to help ease the transition.

지난번 새로운 이메일 시스템을 도입할 때였습니다. 오래 근무했던 직원들에게 이를 사용시키기에 어려움을 겪었습니다. 그래서 매일 재미있는 이야기나 유머 등을 이메일로 보내 그들의 거부감을 감소시킬 수 있었습니다.

Why did you go into the customer service department of your company as opposed to sales?
왜 영업 대신 고객 서비스 분야에 들어갔습니까?

서비스 관련 분야에서 경험이 있다면 면접관은 그와 관련된 꼬리 질문을 많이 하게 될 것이다. 서비스 관련분야에서 일하면서 대인관계에서 어려웠던점, 배운점 등에 대해 승무원의 일과 연관시켜 구체적인 예를 들어 답변을 준비해야만 한다. 특히 외항사의 경우 서비스 분야에서의 경험을 중요하게 생각한다. 소홀히 대답해서는 안된다.

Answer

I like the challenge and satisfaction of dealing with customers and solving problem. I also like the fact that every day is different. In reality, most of my job experiences were related with interpersonal skills.

고객과 상대하면서 문제를 해결해 나간다는데 대한 도전과 만족에 매력을 느낌입니다. 매일 매일이 다르다는 것도 좋구요. 그리고 사실상 제 일의 대부분이 영업입니다.

Tell me about a time you didn't perform up to your capabilities.
당신이 일을 제대로 수행하지 못했던 경험을 얘기해 보세요.

이 질문은 면접자로 하여금 부정적인 상황을 이야기하도록 만든다. 이때는 경험 부족으로 인해 실수했던 것에 대하여 얘기하는 것이 좋다. 미숙함과 경험 부족으로 인해 실수했던 일을 바탕으로 이제는 더 잘할 수 있다는 것을 강조하라.

Answer

The first time I had to give a presentation to my professor. I failed to anticipate some of her questions. I was unprepared for anything other than what I wanted to report. Now I try to brainstorm all about the what might be asked in advance.

처음 교수님 앞에서 프리젠테이션을 해야 할 때에 교수님의 질문에 적절히 대처하지 못했습니다. 제가 보고할 사항 외에 다른 준비는 못했으며, 이제는 프리젠테이션 전에 모든 가능성에 대하여 미리 생각을 하고 대처합니다.

What would your classmates(co-workers) tell me about your attention to detail?
당신의 학교친구들(동료들)이 당신의 꼼꼼함에 대해 뭐라고 합니까?

자신의 꼼꼼함이 남에게 스트레스요인이 되지 않았는지 남을 배려하는 태도를 보여주는 것이 좋다. 여기서 원하는 대답은 신뢰성이 있는가 책임감이 있는가 그리고 얼마큼 효과적으로 시간을 이용하며, 불필요한 일에 시간낭비를 하지 않는가를 말하는 것이 중요하다.

Answer

My classmates always count on me to help them think through what might have been overlooked, so they'd probably tell you I think through processes very thoroughly.

제 친구들은 항상 그들이 간과하기 쉬운 것을 저에게 도움을 청합니다. 따라서 그들은 제가 아마도 절차를 빠짐없이 확인한다고 말할 것입니다.

How do you manage stress in your daily work?
매일 매일의 스트레스를 어떻게 관리하십니까?

스트레스 받았을 때 얼마나 침착하고 효과적으로 해소했는지를 구체적으로 말하면 도움이 된다. 그러나 스트레스를 심각하게 자주 받는 것처럼 언급하지 않도록 주의한다.

Answer

I try to go out for lunch at least once during the week to clear my head. I also have a personal rule that stops me from reacting to any problem until I feel calm about it. I think, then act, I learned to do that over time.

일주일에 한번은 머리를 식히기 위하여 밖에 나가서 식사를 하며, 어떤 문제도 편안하게 받아들일 수 있을 때까지 반응하지 않는 개인적인 습관을 만들어 놓았습니다. 행동하기 전에 생각하는 시간을 오래 가지려고 노력합니다.

How have you prioritized or juggled your workload in your current job?

현재 하는 직장에서 부과된 일의 우선순위를 어떻게 정하십니까?

일의 중요도와 긴급한 정도에 따라서 정확하게 일의 우선순위를 매길 수 있는지에 관한 질문이다. 때로는 여러 가지 상황을 구체적으로 제시하면서 우선순위를 매기도록 하는 경우도 있다. 이럴 때에도 일의 긴급한 정도를 생각해보고 순위를 매긴 후 이유를 설명하는 것이 좋다.

Answer

I set my itinerary by working only on my two major accounts early in the day. That way, if interruptions occur, my most critical customers are taken care of. Demonstrate how you gather resources, how you predict obstacles, and how you manage stress. Describe personal habits that allow you to move ahead on priorities and avoid micromanaging or putting out fires. In what ways have you become better at managing time over the years?

저는 하루에 가장 중요한 일 두 가지를 염두에 두고 일을 합니다. 그런 방법으로 저의 중요한 손님들을 보살폈습니다. 어떻게 당신이 정보를 모으고, 장애요인들을 예상하며 어떻게 스트레스를 없앨지를 알아봅니다. 우선순위를 둘 개인적인 습관들을 생각해 봅니다.

Why is service such an important issue?

왜 서비스가 중요한 것이라고 생각합니까?

면접관은 고객에게 긍정적인 이미지를 심어주는 것이 중요하다는 것을 이해하고 있는지 알고 싶어 한다. 따라서 좋은 서비스 정신은 기업의 기본이며, 이를 바탕으로 오랜 기간 동안 고객과의 관계를 유지할 수 있으며, 이는 곧 이윤과도 직결됨을 말하라.

Answer 1

Service is a major contributor to customer satisfaction. Just as important as, or maybe even more important than, cost. If a customer isn't receiving a level of service that meets or exceeds his or her expectations, that customer won't be a customer for very long. In addition, that customer's experience with your company may affect how potential customers in the marketplace view your company. People do talk and share information. This may affect not only profits but future sales as well. In many instances service may be the one thing that distinguishes a company from the competition. A bad reputation for service may compromise a company's position in the marketplace.

서비스는 고객만족 부분에서 가장 크게 기여한다고 생각합니다. 원가만큼 또는 원가보다 더 중요하다고 생각합니다. 만일 고객이 그의 예상치를 미치지 못하는 서비스를 받았을 때, 고객으로 오래 있지 않을 거라고 생각합니다. 또한, 저희 회사에 대한 고객의 경험이 회사 이미지에 영향을 미칠 수 있다고 생각합니다. 사람들이 정보를 공유하기 때문이지요. 따라서 저의 순이익 뿐 아니라 매출 자체에도 영향을 미칠 수 있습니다. 많은 경우, 서비스에서 경쟁사와의 차별화를 꾀할 수 있다고 생각합니다. 서비스 분야에서의 나쁜 평판은 시장에서의 회사 위치를 흔들리게 할 수도 있습니다.

Answer 2

I've always given priority to work with established clients, because they offer a better risk and return value.

가족고객에게 항상 먼저 제 시간을 할당하였습니다. 왜냐하면 기존 고객이 더 큰 가치를 제공한다고 생각하기 때문입니다.

Q Tell me about a time when you had to deal with an irate customer. How did you handle the situation?
화를 내는 손님을 다루어 본 경험을 설명하세요. 그 상황을 어떻게 처리했습니까?

서비스 업종에서는 특히 상대방이 화가 났을 때 어떻게 대하는가가 중요하다. 면접관이 듣고 싶은 대답은 '얼마나 많은 사람들을 상대해 보았는가 그리고 까다로운 고객을 만났을 때 어떻게 대응 했는가'이다. 자신이 잘 해결했던 경험을 말하라.

Answer

My customer service position at a telephone company involved dealing occasionally with irate customers. When that happened, I'd try to talk in a calm, even voice, in order to get the person to respond in a business like manner and focus on trying to resolve the situation. Most times I was able to rectify the problem and pacify the customer, but I remember an incident in particular in which the caller became verbally abusive. I tried to remain calm and professional and not to let my personal feelings enter into the situation I didn't respond to the abuse, I just made a note of it and continued to help the customer as best I could. When the abuse persisted, however, I politely asked him to call back and ask for my manager, because at that point, I knew I couldn't resolve the problem.

전화로 고객서비스를 하다보면 화가 많이 나있는 고객을 상대할 때도 있습니다. 그럴 때에는 더욱 차분하게 또박또박 말하여 상황을 완화시키려 노력합니다. 대부분의 경우, 문제를 해결하고 고객을 안정시킬 수 있습니다. 하지만 한 번은 고객이 거친 언어를 사용한 적이 있었는데, 저는 대응하지 않았고 고객을 도우려 최선을 다했습니다. 언어폭력이 지속되자 다시 전화해 달라고 정중하게 말하고 저의 매니저에게 도움을 청했습니다.

Describe a professional skill you've developed recently.

최근에 새로 개발시키고 있는 전문 기술을 설명하세요.

늘 자신을 개발시키기 위해 노력하고 있음을 밝히도록 한다. 건강을 위해 운동을 배운다든지, 여러 교육프로그램과 세미나에 참석한다든지, 더 많은 정보를 손쉽게 얻기 위해 컴퓨터 프로그램을 익힌다든지 하는 일들을 이야기하라.

Answer 1

I'm most proud of my new skills in several computer programs like Excel, and Word-process. What used to take us days of manual sorting, now takes five minutes through a quick-search feature.

엑셀이나 워드프로세스와 같은 몇 가지 컴퓨터 프로그램을 익힌 것이 가장 자랑스럽습니다. 수작업으로 몇 일씩 걸리던 일이 이제는 검색으로 5분이면 가능합니다.

Answer 2

I learned tennis for my health. It's a really active sports. I usually play once a week with my friends.

건강을 위해서 테니스를 배웠습니다. 테니스는 굉장히 활동적인 스포츠입니다. 대개 일주일에 한 번씩 친구들과 함께 운동을 합니다.

Q What new thing have you started recently?

최근에 새로 시작한 것이 있습니까?

늘 새로운 것에 도전하며 변화를 즐기는 가를 간접적으로 묻는 질문이다.

Answer

Recently, I start to learn tennis. I play tennis 30 minutes almost every morning. It's really interesting. But tennis is a really energetic sport. Just 20 minute of playing makes me sweaty. But I really enjoy it. After playing, I feel refreshed.

최근에 저는 테니스를 배우기 시작했습니다. 매일 아침 30분씩 테니스를 칩니다. 테니스를 치는 것은 정말 즐겁습니다. 테니스는 역동적인 운동이라 20분의 운동만으로도 땀에 많이 납니다. 운동을 한 후에 상쾌함을 느낍니다.

Q How do you manage your work week and make realistic deadlines?

일주일의 시간 관리와 마감시간 관리를 어떻게 하십니까?

당신이 일의 우선순위와 마감시간, 스케줄 계획 등을 얼마나 효과적으로 관리하는가를 말하라.

Answer

I always reserve the first two hours of work every day to handle any unanticipated problems that may occur. I used to plan to do five or six hours of homework and English study, but now I find that I'm able to manage my homework, as well as whatever my classmates and professors need from me.

하루에 항상 2시간은 예상치 못한 일이 발생할 것을 대비하여 비워둡니다. 과거에는 숙제와 영어 공부에만 5~6시간을 할애하였으나, 이제는 숙제 뿐만 아니라 친구들과 교수들과 더 많은 일을 할 수 있게 되었습니다.

What things do you keep on your desk?
당신 책상 위에 무엇이 있습니까?

면접관은 당신이 평소에 어떤 것에 관심이 있는지와 얼마나 준비성이 있는 사람인지를 알고 싶어 하는 것이다. 지원하는 일과 관련 있는 좋은 참고서적은 기본이고 그 외에 관심이 있는 것들과 관련 있는 물건들이 있을 것이다.

Answer

I keep a good dictionary on my desk and several text books which are good references for learning all about the cabin service procedures as well as pictures of my family and friends.

제 책상위에는 좋은 사전과 교과서가 몇 권 있습니다. 그 책들은 기내 서비스에 대한 참고도서가 됩니다. 그리고 가족과 친구들 사진이 있습니다.

What type of events have you planned in the past, and how did they go?
어떤 이벤트를 기획해 보았으며, 결과는 어떠했습니까?

당신이 사람들과 어울려서 어떤 일을 기획하고, 준비한 경험이 있는지, 있다면 꼬리질문을 통해 그런 경험 속에서 느끼고 배운점을 알아보고자 하는 것이다.

Answer

I've planned many different types of events, including fundraising dinners, celebrity benefits, books signing, and radio station contests. I have found, the key to making an event a success is creative thinking and careful planning. Once, I only had two weeks to put together several book signings, which are usually scheduled months in advance. It helped that the author was a hot figure in the media at the time, but I couldn't have pulled it all off without calling in a few favors. We ended up generating a lot of local publicity, and the signnings were a complete sell-out.

여러 가지 이벤트를 주관한 경험이 있습니다. 기금모으기, 자선모음, 저자 사인회와 라디오 콘테스트 등입니다. 한 이벤트를 성공적으로 열기 위해서는 창의적인 생각과 완벽한 계획이 필요합니다. 한 번은 저자 사인회를 하는데 2주의 여유 밖에 없었습니다. 이런 이벤트는 대개 몇 달의 여유를 가지고 합니다. 저자가 유명인사라는 것도 작용을 했지만, 그때 여기저기 부탁을 하지 않았다면 제대로 돌아가지 않았을 것입니다. 지역적인 홍보를 성공적으로 했고 모든 사인회에서 매진이었습니다.

Q. Tell me about an organization outside of work that's benefited from your participation.

당신의 참여로 도움을 받은 회사 이외의 조직에 대해서 말해보시오.

자선단체에서 일한 것 등 자원 봉사한 경험에 대해 자세하게 말한다. '어떤 점이 당신에게 중요한 동기가 되었는지, 이런 경험이 지원하는 회사에 도움을 줄 수 있는가'를 설명한다.

Answer

I've been involved in Junior Achievement. I was an Airline & Tourism under-grad. I liked seeing the high school kids smile and get excited about what I said. There was a great sense of satisfaction knowing that what I said affected their lives.

학부에서 항공관광학을 전공하던 때 청소년 교육에 자원 봉사한 적이 있습니다. 고등학생들이 즐거워하고 저와 나누는 이야기들에 영향을 받는 모습이 무척 흥미로웠습니다.

What accomplishment was the most difficult for you to achieve?
가장 성취하기 힘들었던 업무성과는 무엇이었습니까?

장애물, 교육(훈련)의 부족, 부적합한 경험들에도 불구하고 이루었던 성과를 설명하라. 이 질문은 당신이 부족한 부분을 극복한 것에 대해 말할 기회가 될 수 있다.

Answer

I found it intimidating to work with the marketing research staff when I started my job, mostly because I hadn't done well in statistics or market research during college. What I decided to do was enroll in a seminar on market research, which really boosted my confidence. Now I don't feel at a disadvantage when I meet with the research group, and I know what questions to ask to get information that's meaningful and relevant to me.

대학시절 통계학과 시장조사 과목이 취약했던 저로서는 시장조사 직원들과 일할 때 무척 어려움을 느꼈었습니다. 그래서 시장조사 과정을 수강했고 많은 지식을 얻을 수 있었습니다. 이제 어떤 시장조사 그룹과 일해도 편안하게 서로 도우며 일할 자신이 있습니다.

Exercises

Have your past job(or University) appraisals adequately portrayed your leadership abilities?
전직장(학교)에서 당신의 리더십에 대한 적절한 평가를 받았다고 생각합니까?

솔직하게 이야기하되 겸손한 태도를 유지하라. 본인 스스로의 만족도가 중요할 수도 있고 다른 사람이 평가가 중요한 사람도 있다. 면접관이 알고 싶은 것은 다른 사람의 평가에 대해 당신이 보여주는 태도이다. 적절한 평가를 받지 못했다고 생각한다면 다른 사람의 탓으로 돌리는 답변보다는 적절한 기회가 없었다든지, 본인의 문제로 이야기한다. 그리고 면접관에게 앞으로 적절한 평가를 받기 위한 계획도 함께 얘기해야만 발전적인 사람으로 느껴질 것이다.

Answer

Looking at your resume, I see that you volunteered to help out orphants. Could you tell me about your experiences there?
이력서를 보니 고아들을 위해서 자원봉사를 하셨는데 그곳에서의 경험을 말해 보시오.

Answer

What skill would you like to develop in this job?
이 직업을 통해서 스스로를 어떻게 개발시키고 싶습니까?

자신이 지금까지 충분히 개발하지 못했던 당신의 재능에 대하여 이야기하라.

Answer

Compared to others with a similar background in your field, how would you rate yourself?
당신과 유사한 조건을 가진 다른 지원자와 비교해서, 당신을 어떻게 평가합니까?

솔직하고 자신감 있게 말하되, 건방져보여서는 안된다. 답변에 대한 명확하고 분명한 이유가 있어야 한다. 자신에게 특이한 경력과 소양이 있다면 이때 그것을 말해 주는 것이 좋다.

Answer

Give an example of how you saw a project through despite obstacles.
장애요인이 있음에도 불구하고 어떻게 프로젝트를 수행하는지 예를 들어 보세요.

어떻게 자료를 모으고 장애물을 예견하고 처리했는지 설명한다. 답변시 장애물 그 자체를 부각시키는 것이 아닐, 문제 해결방법과 어떻게 실행했는지에 대해 중점을 두고 설명한다.

Answer

Share an example of your diligence or perseverance.
당신의 근면함과 설득력을 증명할 수 있는 예를 들어 보세요.

당신의 프로정신, 완벽한 일처리, 성실함. 책임감 등에 관하여 말하고 정보를 어떤 방법으로 얻고 있으며 시간 관리는 어떻게 하는지에 관하여 구체적인 예를 들어 얘기하라.

Answer

Describe a time when you tackled a tough or unpopular assignment.
힘들거나 일반적이지 않은 과제를 해결하는데 어려움을 겪은 경우를 말해 보세요.

다른 사람들이 꺼리거나 해결되지 않았던 문제들을 당신이 기꺼이 자원해서 맡았던 경우에 대하여 말하라.

Answer

How would your last employer describe your work habits and wokr ethic?
전직장 상사는 당신의 근무습관이나 도덕성에 대해 어떻게 평가했습니까?

현재 혹은 이전 직장상사가 당신을 다시 채용할 것이라고 생각합니까? 당신은 믿음직스럽고, 헌신적이며, 철두철미합니까? 이런 면에 대한 구체적인 예를 들어 말하시오.

Answer

Can you make yourself understood in English without too much difficulty?
별 어려움 없이 영어로 의사표현을 할 수 있습니까?
What do you think of your English?
본인의 영어실력이 어느 정도라고 생각하십니까?

Answer

What experience do you have for this job?
이 일과 관련있는 어떤 경험이 있습니까?

Answer

What is your most intellectually challenging thing you have done?
지금까지 가장 지적으로 도전적인 일이 무엇이였습니까?

Answer

Why do you think you can successful in this position?
당신이 왜 이 직무를 성공적으로 수행할 수 있다고 생각하십니까?

Answer

Have you been a leader? What brought you to that position?
리더가 되어 본 적이 있습니까?

Answer

How do you make people accept your idea?
어떻게 다른 사람들에게 당신의 생각을 설득했습니까?

Answer

What did you do for improving your English proficiency?
당신의 영어실력을 향상시키기 위해 무엇을 하십니까?

Answer

Can you speak another language besides English?
영어 이외에 다른 언어를 하실 수 있습니까?

Answer

4. 리더십과 팀워크

If you were a color, what color one would you be?
당신은 무슨 색 입니까?

면접시 엉뚱한 질문을 받게 될지도 모른다는 것을 미리 유념해 두어야 한다. 그런 질문은 당신을 곤란하게 만들려는 것이 아니라 당신을 거슬리게 하는 것이 무엇인지를 알아내려는 것이다. 인터뷰시 전형적인 질문은 지원자들이 이미 준비를 해오기 때문에 채용자로서는 좋은 지원자를 구별해 내기가 더 힘들다. 이 질문은 정답이 없다. 채용자는 당신의 답이 무엇인지 알고 싶어하는 것이 아니라 '잘 모르겠어요, 아마 파랑색이겠죠' 등의 답변을 듣고 싶지 않은 것이다. 다만, 당신이 어떤 색깔을 말한다면 왜 그렇게 생각하는지를 창의적이고 조리있게 말하면 된다.

Answer 1

I'm red, because I'm always hot. I'm always enthusiastic and energetic about new plans and ideas.

항상 정열적이기 때문에 저는 아마 빨강색일 것입니다. 항상 새로운 계획과 아이디어로 불타고 있습니다.

Answer 2

I'm white, because I can get along very will with all kinds of people.

모든 사람들과 쉽게 어울릴 수 있기 때문에 흰색일 것입니다.

Are you more of a follower or a leader?
당신은 리더입니까? 수행자입니까?

어느 쪽이라도 감점이 있는 것은 아니다. 모든 조직에 두 유형의 구성원이 모두 필요하다는 것을 인식하고 본인이 어느 쪽에 속하든지 솔직히 얘기하고 자신이 좋은 리더이고, 수행자였던 예를 설명하도록 하자. 좋은 리더나 수행자의 조건이 꼬리질문으로 나온다.

Answer

I think I have both qualities. But I feel I'm a leader, when I was captain of my club for two years, and that was a really good experience, trying to make the club better and stronger. That doesn't mean I'm a selfish person. I learned a lot from that. And I like cooperating with other person.

저는 두 가지 성향을 다 가지고 있습니다. 제가 동아리에서 2년 동안 리더로 있었는데 그것은 매우 좋은 경험이였습니다. 저는 동아리를 더 발전시키기 위해 노력했습니다. 그것은 제가 이기적이였다는 뜻은 아닙니다. 저는 그 경험을 통해 많은 것을 배울 수 있었습니다. 그리고 다른 사람들과 협력하는 것을 좋아합니다.

Q Describe a time you had to alter your leadership style.

당신의 리더십 유형을 바꿔야 했던 경험을 얘기해 보세요.

다양한 사람들을 만족시킬 수 있는 능력이 있고 그런 능력으로 인해 좋은 인간관계를 유지할 수 있었다는데 중점을 두고 답변한다. 구체적인 답변이 좋다. 만족스럽지 못한 상황을 개선하기 위하여 어떤 조치를 취했으며, 주위사람들은 당신에 대해서 어떻게 말하는가에 관해서도 말하라.

Answer

I'm normally a strong leader who has good vision and enjoys delegating duties, but I expect my orders to be carried out promptly. When I was assigned a project to prepare a welcoming ceremony at my university for freshman and given a committee of nine people to work with, I immediately assumed I had the best plan for the project I began my normal routine of delegating duties. I quickly realized, though, that this group of students, who had with different ideas, wasn't responding well. In fact, they asked to contribute and modify my plan. I agreed to spend half a day discussing the project with them, and then I realized that they also had good ideas. The only way to move ahead on the project was to encourage the entire group to offer solutions to our project problems. I think these people would agree that I'm flexible and willing to modify my leadership style when the need arises.

기꺼이 희망찬 비전 제시와 대리자로 위임받는 저는 강한 리더십의 소유자라고 생각해왔습니다. 그리고 제 명령이 신속히 수행되기를 기대해 왔습니다. 신입생 환영회를 위한 프로젝트에 선임되어 9명으로 구성된 위원회가 주어졌을 때도 즉각적으로 제가 가장 좋은 계획을 가진 적임자라고 속단하려 했습니다. 그러나 서로 다른 생각을 가진 학생들은 비협조적이였고, 그들과 충분한 대화를 한 후 문제를 해결하기 위해선 오히려 그들의 아이디어가 더 나음을 인정해야 했습니다. 제 생각에 그들은 제가 융통성 있고 필요하면 기꺼이 리더십 스타일을 수정하는 사람이라고 생각할 것입니다.

Q. Tell me about your relationship with your previous bosses.

전 직장의 상사와 어떤 관계였습니까?

당신이 상사와 좋은 관계를 유지하면서 근무할 수 있는지 여부에 대하여 면접관은 궁금해 한다. 새로운 상사와 마찰 없이 일할 것이라는 확신을 갖게 만들어야 한다. 솔직히 말하되, 부정적인 말은 하지 않는 것이 좋다. 당신이 가장 일을 함께 잘 할 수 있는 상사타입에 대하여 강조하라.

Answer

My bosses would tell you that I've often acted as a sounding board for them. With all three of my bosses, we've mentored each other, although obviously they contributed more wisdom and expertise than I did. I was always helpful information to help them when making their decisions about customer problems.

제 상사들은 저를 조역자 역할을 한다고 말할 것입니다. 상사들과 저는 서로에게 배우는 관계였습니다. 물론 지혜와 전문성은 항상 상사에게 있었습니다. 저는 상사들이 고객과의 문제에서 결정을 해야 할 때 도움이 되었습니다.

Q. Describe your personality beneath the professional image.

전문가다운 자신의 성격을 설명해 보세요.

이 질문은 '친구들이 당신에 대해서 어떻게 평가할 것 같습니까'와 비슷한 문제이다. 업무에 있어서 당신의 성격이 어떻게 반영되는지 성격과 업무를 연결시켜서 말한다.

Answer

I laugh a lot at my own shortcomings. I see irony in most things and I'm outspoken, but I bring a sense of humor to any office. I think it provides a nice balance of warmth in a work setting.

저의 단점에 대하여 실소할 때가 많습니다. 매사에 모순이 보이고, 제가 하고 싶은 말은 하는 편입니다. 하지만 이런 제 성격이 사무실에서 유머 감각으로 나타날 때도 있습니다. 이런 것이 직장에서 인간적인 따뜻함의 좋은 균형을 준다고 생각합니다.

Q What type of management style do you think is effective?
어떤 식의 관리 방식이 효율적이라고 생각합니까?

면접관은 이 질문을 통해 당신이 조직에 잘 적응하여 오랫동안 직장생활을 할 수 있는 준비가 되어 있는지 알아보려고 한다.

Answer

I've always learned well from people who act as coaches rather than experts. When someone comes to me with a problem. I try to act as if I'm reasoning through the problem with the persons, learning as I go. answer. I want employees to develop confidence in creating answers for themselves.

전문가들보다는 코치들로부터 항상 많이 배워왔다고 생각합니다. 만일 어떤 사람이 문제가 있어서 저에게 도움을 청하러 온다면 그 문제에 대하여 이해하려고 노력하며, 답을 주려고 하지는 않습니다. 저는 부하직원들이 스스로 답을 찾는데 자신감이 붙도록 도와주고 있습니다.

Q What environments allow you to be especially effective?
어떤 근무환경에서 가장 능률적으로 일할 수 있습니까?

다양한 근무환경에서 일할 수 있다는 점을 강조하라. 개인사무실, 남들이 방해하지 않는 것 등의 근무환경에 대하여 말하는 것은 절대 금물이다. 그렇지 않으면 당신은 잘 만족하지 못하는 사람으로 평가받게 될 것이다.

Answer 1

Although I can work effectively in most environments, I prefer environments where people are their own bosses, within reason. I like to have a goal but be able to draw my own map to get there. To accomplish goals, I rely on asking questions and receiving feedback from my co workers, access to one another and cooperation are cooperation and access are important to me in a work group.

대부분 환경에서 효율적으로 일하는데 어려움이 없지만, 권한이 각각에게 주어진 환경에서 일하는 것을 선호합니다. 저는 목표를 가지고 일을 하는 것이 좋은데 그 목표를 달성하는 방법은 저 자신만의 방법이어야 한다고 생각합니다. 목표를 달성하기 위하여 여러 사람들에게 질문을 하고 도움을 줄 만한 사람에게 의존합니다. 따라서 저에게는 근무환경 중에서 상호협력과 서로에게 접근이 가능한 그런 환경이 중요합니다.

Answer 2

I enjoy an environment in which people share information, help each other and have the flexibility to ask for help when they need it. I'm usually a great troubleshooter for PC problems in my dormitory and I often asked for help proofreading important memos. I believe in give and take.

저는 모두가 정보를 공유하고 상호 협력하는 분위기에서 일하는 것을 좋아합니다. 저는 기숙사에서 지내면서 PC에 문제가 생겼을 때 잘 고치는 편입니다. 그 대신 중요한 메모를 검증할 필요가 있을 때 도움을 받습니다. 상호협력이 이래서 필요하다고 생각합니다.

Answer 3

I love an environment where people are their own bosses-within reason. I like be given a goal but be able to draw my own map to get there. To accomplish goals, I rely on asking questions and finding people receptive, so cooperation and access are important to me in a workgroup.

저는 모든 사람들이 스스로가 상사라는 생각으로 일하는 환경을 가장 좋아합니다. 목적을 가지고 그 목적지까지 가는 지도는 제가 스스로 그려가는 것을 좋아합니다. 이런 목적을 달성하기 위하여 사람들에게 질문하고 반응하는 사람들을 찾습니다. 따라서 협력과 접근 용이성이 그룹 내에서 저에게는 매우 중요합니다.

Q Tell me about a time you persuaded others to adopt your idea.
당신의 생각을 채택시키기 위해 다른 사람을 설득해 본 경험을 얘기해 보세요.

다른 사람들로부터 지지를 잘 얻어낼 수 있고 의견을 타인에게 잘 설득시키는 당신의 능력을 강조하라. 이때 구체적인 예를 드는 것이 좋다.

Answer

Before long, everyone was involved in answering the phone when we had an overload of incoming calls. This not only improved the efficiency of our order-entry process but caused all of workers to take note that the supervisors truly were involved and interested in the department. Their efficiency also began to improve.

오래지 않아 모든 직원이 저를 따라했고, 주문부서의 능률 개선 뿐 아니라 직원들과 감독관의 밀접한 유대를 향상시킨 좋은 결과를 가져왔습니다.

Q How would former co-worker or classmates describe your leadership style?
당신 친구들이나 직장동료들이 당신의 리더십에 대해 어떻게 이야기할 것 같습니까?

면접관은 지원자의 동료나 추천인이 지원자에 대해 어떻게 생각하고 있는지 알고 싶어 한다. 객관적으로 자신에 대해서 말하고 너무 미화시키지 않도록 하며, 최대한 겸손한 태도로 말한다. 당신의 리더십 스타일 등을 예를 들어서 솔직히 얘기한다.

Answer

My classmates would probably say that my leadership style is the strong silent type. I don't make a big deal about being in charge or making decisions. I try to involve everyone around me in the decision-making process and in carrying out a plan of action. My classmates truly believe that I bring a lot of positive energy to our group and that I help motivate others.

친구들은 저를 강하면서도 조용한 리더십의 소유자로 생각할 것입니다. 저는 자리를 차지하려거나 결정을 주도하는데 연연하지 않습니다. 그보다는 주위 모든 사람이 결정을 내리는데 참여하게 하고, 이를 행동에 옮기게 하는데 주력하지요. 틀림없이 동료들은 제가 긍정적인 힘을 그룹에 불러들이고, 팀원에게 성취동기를 부여한다고 생각할 것입니다.

Q Describe your comfort level working with people of higher rank and people of lower rank.

윗사람이나 아랫사람들과 일하는 것에 대해 익숙한지 얘기해 보세요.

다양한 사람들과 같이 일하는 능력을 어떻게 길렀는지 구체적인 예를 통해 말한다.

Answer

A junior classmate that shares a room in my dormitory has become a good friend. I've invited her to my house to meet my family, and we'll often go shopping together on the weekends. I can also relate well to my upper classmen and professors. We have common interests, which include skiing and travelling while on vacation.

기숙사에서 방을 같이 쓰는 후배와 저는 좋은 친구로 지냅니다. 집에 초대해서 제 가족을 소개해 주었으며, 주말에는 가끔 쇼핑을 같이 가기도 합니다. 또한 선배와 교수님들과도 잘 지냅니다. 관심분야가 비슷하기 때문에 방학 때 가끔 스키도 타고 여행도 갑니다.

Q Describe a situation in which you're most comfortable as a leader.

리더로써 성공적으로 일을 수행했던 예를 들어 보세요.

능력있는 리더 또는 사람들로부터 신뢰를 받았던 상황을 설명한다. 왜 그때 사람들이 당신의 의견을 따랐는지를 설명해 주는 것이 중요하다. 권한을 가지고 사람을 통솔한 예보다는 당신이 리더십을 가지고 있다는 것을 구체적인 예를 들어 말한다. 이를테면 리더보다 당신이 더 능력을 발휘했을 때를 얘기하는 것도 좋다 .

Answer

One of my talents is to take complex issues or problems and break them down into their simplest parts. I'm also good at teaching other people. As a result, whenever I'm faced with a complex problem, other people tend to let me find a solution and instruct them on how to proceed. As a result, I've found that I'm not a particularly effective leader though, in a highly charged political environment. My preference is to deal with facts and data. When there are other issues like political or emotional factors to consider, I often prefer that someone else take the lead, and I simply resolve to be a good team player. In all other situations I normally surface as a leader.

제 장점 중의 하나는 어렵고 복잡한 문제들을 단순화해서 실마리를 찾아내고 이를 다른 사람들에게 잘 알려주는 것입니다. 동료들은 문제가 생길 때마다 제게 해결책을 묻곤 했지요. 하지만 고도의 정치성을 가진 리더라고는 말할 수 없습니다. 그보다는 사실적인 자료를 다루는 점에 자신이 있지요. 정치적이거나 감정적 요소가 포함된 문제는 다른 사람의 몫이고 저는 그 밑에서 작은 단위의 팀을 리드하는 중간 리더가 되길 원합니다.

Tell me about a work group you really enjoyed working with.
함께 일할 때 즐거웠던 업무팀에 대하여 얘기해 보시오.

이 질문은 '직장동료와의 관계는 어떠합니까?' 라는 질문과 '고객들이 당신과 일하는 것을 좋아합니까?'라는 질문을 합해 놓은 것과 같은 질문이다. 다른 사람과 일을 잘 할 수 있고, 탄탄한 대인관계를 만들어 나가는 능력을 가지고 있다는 것을 보여주어야 한다.

Answer

My group in our new-product-launch department really meshed well. When all of us were approaching the final day before a launch, we all rolled up our sleeves and helped put press packets together or whatever else was the last item to be shipped to the sales force.

Although it was an administrative task, it had to be done, and it was a good time for us all to speculate on the success of the newly launched product.

신제품 출시부서에서의 저의 그룹은 정말 손발이 잘 맞았습니다. 신제품 출시가 다가오면서 저희는 모두 소매를 걷어 부치고 보도 자료를 보내는 일과 영업팀으로 보낼 자료 등을 다같이 준비하였습니다. 사실은 저희가 할 일은 아니었지만, 신제품의 성공에 대하여 그리고 저희가 가지고 있던 걱정에 대하여 같이 대화를 나누어 볼 수 있는 좋은 시간이었다고 생각합니다.

Q Describe a time when you had to assist a coworker.
동료직원의 업무를 도와주어야 했을 때는 언제입니까?

당신이 매우 의욕적이라는 것을 보여야 한다. 예를 들어, 당신이 객관적인 어드바이스나 전문적인 지식을 알려주어 동료나 담당부서가 좋은 실적을 얻었던 때에 대해서 얘기하라.

Answer

I once helped an associate understand survey methodology in order to write a report. She had never taken a research course and didn't know how to structure questions. I had some previous experience in this area. So I was happy to help her because she was in a difficult position.

한번은 저의 동료가 리포트를 작성하는데 필요한 조사방법을 이해시키는데 도움을 준 적이 있습니다. 그 동료는 리서치에 대한 코스를 한 번도 들은 적이 없었으며, 조사하는데 필요한 질문들을 작성하는 방법을 전혀 모르고 있었습니다.

Q Do you prefer to work alone or as the member of a team? Are you most productive working alone or in a group?
혼자서 일하는 것과 여럿이 함께 일하는 것 중 어느 쪽을 더 선호합니까?

면접관이 원하는 것은 지원하는 회사의 업무환경과 선호하는 업무환경의 형태가 비슷한 사람이다. 솔직하게 말하되, 당신이 다양한 환경에서도 적응할 수 있다는 점을 강조해야 한다.

Answer

I like the activity and noise of people around me and the ability to share ideas.

주위사람들의 움직임과 그들이 내는 소리, 그리고 그들과 함께 있음으로써 아이디어를 공유할 수 있는 것을 좋아합니다.

What is the good part about working in a group?
팀으로 일하는 것의 장점은 무엇입니까?

승무원은 팀제별로 일을 하기 때문에 팀으로 일하는 것에 익숙하고 그것을 즐기는 사람을 원한다. 당신이 팀으로 일해본 적이 있다면 얼마나 즐겁게 일했는지, 팀제의 장점을 사례를 들어 답변한다.

Answer 1

Group members divide their work and take a duty that he or she can do well. We can get more accomplished. People bounce ideas off each other, we get various creative ideas and support each other. That way we can save time.

팀원들은 그들의 일을 나누고 각자가 할 수 있는 업무를 맡습니다. 팀원들은 더 많은 것을 성취할 수 있습니다. 서로 아이디어를 교환하고 다양한 창의적인 생각들을 하고 서로서로 돕습니다. 그런 방법으로 시간을 절약할 수 있습니다.

Answer 2

When I worked as a tour conductor, I thought the customers, local guide and I acted as a team. We enjoyed work more because of this. I felt that when relationships among the members was good and when everybody was cooperating and understanding one another, we enjoyed ourselves more and the atmosphere was more lively. And another important thing while working in a group is that all members enjoy an atmosphere where people bounce ideas off each other and have the flexibility to ask for help when they need it.

투어컨덕터로 일할 때, 손님, 현지가이드, 제가 하나의 팀이라고 생각했습니다. 그 덕분에 더 즐겁게 일할 수 있었습니다. 우리 팀원들 간의 관계가 좋고, 서로 협조하며 이해할 때 더 즐겁게 여행하면서 좋은 분위기를 만들었습니다. 그룹으로 일할 때 중요한 또 하나는 팀원 모두가 서로의 의견을 교환하는 것을 좋아해야 한다는 것입니다. 그리고 서로서로의 일을 돕고 도움을 구할 때 융통성을 갖는 것입니다.

Answer 3

One time my coworker was hospitalized for a week, after a car accident. I did a lot of additional work to help him out. I know he would have done the same for me, and it's important for me to have that kind of trust among the members of my group.

예전에 제 동료가 자동차 사고로 일주일 동안 병원에 입원한 적이 있었습니다. 저는 그 동료를 돕기 위해 부가적으로 많은 일을 했습니다. 제가 그런 상황에 닥친다 해도 그 동료가 저와 같이 할 것이라고 생각합니다. 동료간의 이같은 신뢰가 중요하다고 생각합니다.

Q What is a bad thing about working in a group?
팀으로 일하는 것의 단점은 무엇입니까?

단점만을 언급하지 말고 그 단점을 잘 알고 있기에 본인이 어떻게 행동해야 하는지도 안다는 것을 말하도록 하자.

Answer

When the relationship among the members is not good, it makes difficult to work. So, we encouraged each other more, become more understanding and considerate of on another, keep the leaders informed and make sure we take care of our own responsibilities.

팀원들 간의 사이가 좋지 않을 때, 일하기도 힘들어집니다. 그래서 우리는 서로 더 격려하고 서로에게 더 많은 세심한 관심을 기울여야 하고 리더와 정보를 공유하고 자신의 임무를 완수해야 합니다.

Tell me about a project that required you to work with a team.
팀과 함께 일하여야만 했던 프로젝트에 대하여 말해보세요.

면접관은 당신의 팀워크를 알아보고자 하는 것이다. 승무원에게 가장 중요한 자질 중 하나는 팀워크이다. 팀으로 일했던 경험, 팀으로 일하면서 느끼고 배운점을 승무직에 연결시켜 답변하도록 하자.

Answer

For our marketing class, we broke up into teams of four and had to build a product and develop a business plan. The biggest challenge was getting the other two team members, who took the marketing course only because it was required, to do their share of the work. I personally accepted this problem as a challenge, and I feel I really learned because they both became contributors to the team who carried their own weight.

마케팅 과정에서 우리는 그룹으로 나뉘어 상품을 정해서 사업계획을 세워야 했습니다. 가장 힘든 것은 팀 동료 중 두 명은 단순히 이 과목이 필수과정이라는 이유 때문에 수강을 한 학생들이었는데 이들에게 할당된 업무를 부여하는 것이었습니다. 저는 이 문제를 극복해야할 과제라 생각했습니다. 그리고 그들이 팀의 일원으로서 자신들의 몫을 해내는 것을 보고 정말 많은 교훈을 얻었습니다.

Describe situations in which you are most comfortable as the leader.
팀의 리더로서 가장 보람을 느낄 때는?

당신에게 리더의 자리가 주어졌을 때 리더로써 책임감이 주어질 때 책임감을 갖고 협동하는 조직 분위기를 만들어서 문제를 해결하길 원한다.

Answer

One of my talents is to take complex issues or problems and break them down into their simplest parts. As a result, people tend to seek out my advice when they run into difficulty.

저의 장점 중의 하나는 복잡한 문제를 단순화해서 해결책을 찾아내는 것입니다. 그러다 보니 무언가 어려움에 부딪칠 때마다 동료들이 제게 상담해 오곤 했습니다.

Describe a situation in which you needed to involve others in order to perform a task.
어떤 일을 하기 위해서 다른 사람들을 참여시켜야 했던 상황에 대하여 말해보세요.

동료들간에 서로 격려하면서 일을 할 수 있는지에 관한 능력이다. 어떠한 리더십을 갖고 있는지에 관해 간접적으로 물음으로써 면접관은 당신의 팀워크와 리더십을 알아보고자 한다.

Answer

I really wanted to be class president, but I did not want to appear self-serving, so when candidates were being considered I was careful to ask a few close friends who were active in the nomination committee. They told me they had thought of me, but they thought I would not be interested. Once I assured them I was, they were active participants in securing my nomination. During the campaign, they were tireless and on election day I won by a very narrow margin. I will always remember that I never would have even been nominated without their encouragement and support. I really learned the importance of getting things done through others.

반장이 되고 싶었으나 스스로 나서는 것처럼 보이기는 싫었습니다. 그래서 후보자가 거론될 당시 지명위원으로 활동하던 몇 안되는 가까운 친구들에게조차 부탁하기가 조심스러웠습니다. 그들은 나를 고려하고 있다고 했지만 내가 관심이 없을 것이라고 생각했습니다. 제가 관심이 있다고 말했을 때 그들은 저를 지명하는데 영향력을 행사했습니다. 선거운동기간 그들은 지칠 줄 모르게 나를 도왔고 나는 근소한 차로 당선되었습니다. 그들의 격려와 지원이 아니었다면 저는 지명조차 받지 못했을 것이라고 생각합니다. 그때 남을 통해 일을 이루는 것이 얼마나 중요한가를 알게 되었습니다.

Exercises

Q Tell me about a group you really enjoyed working with.
함께 일하기 좋았던 팀에 대하여 얘기하시오.

Answer

Q What would your last supervisor say about your initiative?
전 직장의 상사는 당신의 자발성에 대해서 어떻게 생각합니까?

이미 발생한 문제나 발생할지도 모르는 문제를 자진해서 해결했었던 업무에 대해서 얘기하라. 그 문제에 대하여 상사와 어떻게 의견을 나누었는가? 당신의 창의적인 생각과 결과가 어떠했는지를 강조한다.

Answer

Q Give me proof of your persuasiveness.
당신의 설득력에 대한 예를 들어보세요.

리더십에 관한 질문이다. 당신이 이미 리더였던 경우를 예로 들지 말고, 많은 권한은 없었지만 다른 사람들을 설득해서 당신의 의견을 따르게 했던 경험에 대해서 얘기하라. 목표와 당신의 노력에 따른 성과에 대하여 말하라. 왜 사람들이 당신을 신뢰하는가?

Answer

Describe an improvement your personality initiated.
당신이 시작해서 향상시켰던 업무는?

당신이 능률적이고 헌신적으로 일하는 사람이며, 고정관념에서 벗어나서 사고할 수 있는 사람이라는 점을 보여줄 수 있는 예를 제시하라.

Answer

Describe a time in your work experience when the existing process didn't work, and what you did about it.
업무가 잘 진행되지 않을 때 어떻게 했었는지 예를 들어 말하시오.

일이 잘못 되어갈 때 지원자는 어떤 적절한 방식으로 일을 바로잡아 가는지에 관하여 물어보는 것이다. 당신이 문제를 정해진 규정 안에서 창의적으로 해결할 수 있다는 것을 보여주어야 한다. 당신이 바라는 결과를 얻었는지에 관해서도 말해주는 것이 좋다.

Answer

Describe an environment that is difficult for you to be effective in.
당신이 근무하기 힘든 직장 분위기를 설명해 보세요.

이 질문은 '어떤 근무환경에서 일하는 것이 능률적입니까'라는 질문을 부정적으로 물어보는 것이다. 따라서 당신이 선호하는 또는 능률적인 환경에 대해 중점을 두고 말한다. 예를 들어 서로 협조하지 않는 분위기, 자기 맡은 일만 끝내는 분위기, 일이 지연되는 분위기는 한정된 공간이라는 기내에서 일하는 승무원에게 적합하지 않다.

Answer

5. 업무수행 능력

Q What skills do you offer that are most relevant to this job?
당신의 기술 중에 이 직업과 가장 연관이 있는 것이 무엇입니까?

이 질문은'이 일에 관심을 갖게 된 가장 큰 이유는'이라는 질문과 비슷하다. 이력서에 나와 있는 내용 중 이 업무와 가장 관련이 있는 것을 예를 들어 얘기한다.

Answer

My Airline industry and service background give me a problem-solving ability that I know still be useful in offer high quality service to customers.

항공사와 서비스분야에 대한 배경지식으로 인해 문제해결능력이 있으며 고객에게 높은 질의 서비스를 제공할 수 있습니다.

Q What's your most productive or ideal work setting?
당신이 생각하는 가장 생산적이고 이상적인 근무환경은 무엇입니까?

근무 환경이 지원자가 일을 하는데 어떤 영향을 주는지 면접관은 알고 싶어 한다. 답변시 당신이 여러 가지 근무조건에서도 일을 잘 할 수 있는 능력이 있으며, 좋지 않은 근무환경에서도 생산적으로 일하기 위해 어떻게 했었는지를 강조해 주는 것이 중요하다.

Answer

I enjoy constant feedback, and lots of energy and activity. It helps me work more productively when I sense how busy everyone else is, too.

끊임없는 피드백과 에너지와 활동을 좋아합니다. 다른 사람들이 바쁜 것을 볼 때 저 또한 더욱 생산적으로 일하게 됩니다.

Do you prefer continuity in structure or frequent change in you daily work?
당신의 매일 매일의 업무에서 변화가 있는 것을 선호합니까?

이 질문에 대한 답변은 당연히 당신이 맡게 될 업무와 일치해야 한다. 일에 대한 흥미를 잃지 않고 지루하지 않게 배울 수 있는 근무조건이 어떤 것인지 이야기한다.

Answer

I enjoy change and challenge, which is why I frequently ask for the tough assignments. The last two projects we discussed were ones that I asked for. I don't allow myself to get bored.

저는 변화와 도전을 좋아합니다. 따라서 어려운 과제를 자청하기도 합니다. 과거 2개의 프로젝트도 제가 자원했던 것입니다. 저 자신이 지루해지는 것을 싫어합니다.

Would you be able to work extended hours, as necessary, to perform a job?
필요시 시간 외 근무가 가능합니까?

승무직이라는 지원 분야의 실제적인 업무특성과 업무시간에 대해 잘 알고 있다는 것을 보여주어야 한다. 이 대답을 할 때는 지원하는 분야의 일의 성격에 맞게 적절히 대답하여야 한다.

Answer

I'm accustomed to working long hours during the week. I usually work until at least six-thirty, because I get a lot done after the business office closes at five. I can make arrangements to be available on the weekend, if necessary, though I do prefer to have at least twenty-four hours notice.

장시간 근무하는 것에 익숙해 있습니다. 적어도 7시 반까지는 남아서 근무시간 중에 하지 못한 일들을 합니다. 업무상 주말에 나와야 할 경우 하루 정도의 사전통지만 있다면 가능합니다.

You are tall, if a child look at a you then started to cry in the cabin, what would you do?
키가 큰 승무원을 보고 아이가 운다면?

기내에서의 여러 상황에 대한 임기 응변능력 발휘하여 문제를 해결하는 순발력을 알아보는 질문이다.

Answer

I'd ask the baby's mother what he or she likes most, toys or candy. Then I would put that in a high place. Then take it out in front of him or her. Then say to the baby "look, since I'm tall, I can bring you a toy!"

아기의 엄마에게 아이가 각장 좋아하는 것이 무엇인지 물어보겠습니다. 인형이나 캔디 같은 것 말입니다. 그 다음 그것을 높은 곳에 두겠습니다. 그리고 아이가 보는 앞에서 그것을 꺼내주겠습니다. 그리고 아이에게 "자 보렴, 내가 키가 큰 덕분에 너한테 인형을 꺼내줄 수 있잖니?"라고 이야기하겠습니다.

If a child was running in the cabin, what would you do?
아이가 비행기에서 뛰어다닌다면?

기내에서의 여러 상황에 대한 임기 응변능력 발휘하여 문제를 해결하는 순발력을 알아보는 질문이다.

Answer

I will ask the help for he or her mother for their safety. And informed about the mother running in the aircraft is really dangerous to passengers. Because of turbulence.

아이의 엄마에게 안전을 위해서 아이가 뛰어다니지 않도록 협조를 구할 것입니다. 그리고 비행기에서 뛰어다니는 것이 기류 불안정 때문에 승객들에게 얼마나 위험한지 알려드리겠습니다.

If a certain junior did not concentrate on work and forgot easily, what would you do as a senior?
당신이 senior인데 junior가 자꾸만 무언가를 까먹는다면 어떻게 하겠는가?

이 경우는 일을 성의없게 하고 게으름을 피우는 경우와는 다르다. 당신이 리더로써 하급자에게 충고할 때 상대방의 입장에서 생각할 수 있는지에 관한 질문이다. 조직이 원활히 목표를 위해 나아가려면 혼내는 사람이 아니라 조력자로써의 리더십도 필요하다.

Answer

Firstly I'd finish my work completely. Then ask her whether she needs my help or not. I'd also ask for the opinions of my colleagues to help her..

우선 제 일을 완전히 끝낼 것입니다. 그 다음 그녀에게 제 도움이 필요한지 아닌지 물어 보겠습니다. 또한 그녀를 도와줄 수 있는 방법에 대해서 동료들과 의견을 교환하겠습니다.

Exercises

What concerns you most about performing this job?
이 직업에서 걱정이 되는 것이 무엇입니까?

질문을 바꿔 생각해 볼 수도 있다. 면접관에게 당신의 자격요건 중 걱정되는 부분이 있는지 물어보다. 면접관이 우려하는 부분에 대해 설명하고, 당신이 가지고 있는 능력과 관심이 이 분야에 적합하다는 자신감을 보여준다. 면접관이 불안해 하는 것을 없앨 수 있도록 이전의 예를 들어 말한다.

Answer

6. 성 격

What kind of personality do you think you have?
자신을 어떤 성격의 소유자라고 생각합니까?
Would you describe yourself as outgoing or more reserved?
당신은 외향적입니까, 아니면 내성적입니까?
What would you say are some of your strengths and weeknesses?
어떤 장점과 단점을 가지고 있다고 봅니까?

자신의 성격에 관한 질문은 빈출 질문이다. 그러나 단순히 성격만을 얘기하는 답변으로는 면접관에게 강한 인상을 남길 수 없다. 면접관에게 좋은 인상을 남길 수 있는 기회이다. 자신의 성격을 증명할 수 있는 예와 평판을 준비하도록 하자.

Answer

In my opinion, my personality and character are suitable for this job. Because I'm sociable. So when I meet people, I become their friend easily with other person. I have no trouble becoming friends. And I'm adaptable. I can easily adjust to any kind of people, circumstances, and food. I also enjoy seeing different places and working with different people from various circumstances. And people say I tend to do thankless tasks. I take tasks and do them until they are completely finished done well. Actually, It's my pleasure to do these things. The job of a flight attendant requires a great deal of physical work and devotion for passengers. I believe that my personality is really suitable for this job and it will also serve me will in whatever I endeavor to do in the future.

제 성격은 승무원으로 매우 적합합니다. 저는 사교적이어서 사람들을 만날 때 쉽게 친구가 될 수 있습니다. 또 적응력도 매우 좋습니다. 저는 모든 환경과 다양한 음식에 적응을 잘 합니다. 또한 여러 장소를 여행하는 것을 즐기고 다양한 환경에서 여러 사람들과 일하는 것을 즐깁니다. 사람들은 저에게 손해보는 일을 한다고 합니다. 저는 일을 맡으면 일이 완전히 끝날 때까지 손을 놓지 못합니다. 이것은 저의 즐거움입니다. 제 생각에 승무원에게는 튼튼한 체력과 승객에 대한 헌신이 필요하다고 생각합니다. 제 이런 성격이 이 일에 매우 적절하며 제 인생에 도움이 될 것이라고 생각합니다.

How is your personality reflected in the kinds of activities you enjoy?
좋아하는 취미생활을 예로 들어 당신의 성격을 얘기해 보시오.

'성격이 활발하다 사교적이다' 이라고 얘기하면서 자신의 취미생활은 독서와 음악 감상을 얘기하면 적절치 않다. 이러한 질문에 대해 자신만의 답변을 준비해 두면 여러 질문에 응용가능하다.

Answer

I love to cook and entertain. That's the service man coming out in me. I love sharing experiences with people and I'm very outgoing. I don't enjoy being alone. I always feel like I should be doing something.

음식을 해서 손님들을 초대하는 것을 좋아합니다. 이게 저의 서비스맨 근성일지도 모릅니다. 제 경험을 사람들과 나누는 것을 좋아하며, 상당히 외향적입니다. 혼자 있는 것을 좋아하지 않으며 항상 무언가를 해야 한다고 생각합니다.

What would your friends tell me about you?
당신의 친구들은 당신에 대해서 뭐라고 얘기합니까?

일을 하면서 자연스럽게 드러날 수 있는 당신의 성격에 대해서 이야기한다.

Answer

My friends would tell you that I move faster than most people, eat more than most people, work later than most people, and still manage to spend time with friends despite my schedule. I believe in doing everything with gusto.

아마 제 친구는 제가 평균사람들보다 더 빠르고, 더 많이 먹고, 더 많이 일하면서, 시간관리 및 친구와의 관계에도 시간을 할애할 줄 안다고 말할 것 같습니다. 많은 일을 기쁜 마음으로 하는 것이 제 신조입니다.

Did your customer or clients enjoy working with you?
전 직장에서 고객이 당신과 함께 일하는 것을 좋아했었습니까?

당신의 고객이 당신에게 어떻게 행동할 것 같습니까? 고객의 요구에 즉각적이고 구체적인 반응을 보일.수 있습니까? 많은 고객들이 당신이 어떻게 고객들의 비즈니스를 지켜준다고 생각합니까?

Answer

My customer base changed ver little, except that customers increase, so I think that's evidence the customers were satisfied enough to stay with me for more than three years. I think that's a sign that customers were satisfied with the job I did.

제 고객층은 손님의 숫자가 증가한 것 외 대부분은 크게 변하지 않았습니다. 이런 사실과 고객이 3년 이상 변치 않고 저와 같이 있었던 걸로 볼 때 제 고객은 만족했던 것 같습니다.

What is your biggest weakness?
What is your greatest weakness?
What are your weakness would you would like to improve about yourself?
당신의 가장 큰 단점은 무엇입니까?

부정적인 답변을 유도해내는 가장 흔한 질문의 예이다. 이런 종류의 질문은 지원자들의 약점과 숨겨진 문제점들을 알아내는데 매우 효과적이기 때문에 면접관들이 매우 선호한다. 이런 질문에서는 답변을 오히려 긍정적인 방향으로 전화시키는 것이 중요하다. 예를 들어 위의 질문에는 중대하거나 심각하지 않은 또는 지원하는 직종과 별 상관없는 약점을 말하고, 그것을 어떻게 극복했으며 고치기 위해 어떤 노력을 했는지를 부각시켜 말해준다. "생각이 나지 않는데요" 또는 "약점이 없는데요"등의 답변은 절대 금물이다.

Answer

I admit to being a bit of a perfectionist. I take a great deal of pride in my work and am committed to producing the highest-quality work I can. Sometimes if I'm not careful though, I can go a bit overboard. I've learned that it's not always possible or even practical to try to be perfect. Sometimes you have to decide what's important and ignore the rest in order to be productive. It's a question of compromise. I also pay a lot of attention on the pace I work at, so that I don't get too caught up in perfecting every last detail and waste time.

때로는 완벽주의자이기도 합니다. 그래서 제가 한 일에 대하여 긍지를 가지며 최고의 결과를 얻고자 노력합니다. 이런 저의 성격이 조심하지 않으면 실패할 수도 있다는 것을 압니다. 언제나 완벽을 추구하는 것이 실용적이지 않을 수 있으며, 가능하지 않을 수도 있다는 것입니다 때로는 정말 중요한 것이 무엇인지를 알고 생산성을 생각하여 그 외의 것들은 무시해야 할 때도 있다는 것입니다. 두 마리 토끼를 다 쫓을 수는 없다는 말입니다. 너무 세부적인 것에 완벽을 기하지 않도록 업무를 진행할 때 일하는 속도에 주의를 기울입니다.

Q

After a difficult day, how do you handle stress?
힘든 업무 후 어떻게 스트레스를 해소합니까?

본인의 스트레스 해소법을 이야기한다. 스트레스를 바로바로 해소하는 자신만의 방법을 갖고 있어야 스트레스를 덜 받고 생활할 수 있다. 스트레스를 받지 않는다고 대답하는 것은 직장생활에 대해 정확히 파악하지 못하고 있는 것처럼 보일 수 있다.

Answer

I usually go for a ten minute walk. This allows me to relax, unwind, and forget about the day.

저는 10분 정도 산책을 합니다. 산책을 하면 쉬면서 힘들었던 하루를 잊어버릴 수 있습니다.

What do you feel are the personal qualities necessary to be successful as a customer service representative?
고객 서비스 분야에서 성공하기 위해 필요한 성격은 무엇이라고 생각합니까?

면접관은 당신이 서비스 분야에서 일어날 수 있는 일들에 대해 알고 있으면서 그에 맞는 성격을 갖고 있는 사람인지 알고 싶어 한다. 자신이 가장 중요하게 생각하는 것을 한두 개 이야기하되, 반드시 자신이 그에 적합한 사람이라는 것을 예를 들어 설명한다.

Answer

The ability to listen to the customer's complaint's required. The ability to deal with people professionally and with empathy level. The ability to communicate with people. And the ability to find common ground to satisfy all parties.

고객의 불만을 들어줄 수 있는 성격입니다. 프로페셔널하면서도 다 이해한다는 듯이 동조하는 자세이죠. 대화를 할 수 있고 모두를 기쁘게 하는 결정을 내려주는 능력이 필요합니다.

What personal characteristics add to your effectiveness?
어떤 개인적 성격들이 당신을 더 유능하게 합니까?

당신의 개성있고 유능한 방식이 무엇을 이룰 수 있는지를 말하라. 예를 들어, 어떻게 다른 사람에게서 도움을 구하는가? 어떻게 특별한 능력과 특색이 당신이 좋은 결과를 얻도록 돕는가?

Answer

I always stay in touch with these I'm close to. If I see an article that might be of interest to someone I know, I clip it and send it to that person. Then, when I need help and make a phone call to that person, the phone call gets returned promptly.

인맥을 항상 가까이서 관리합니다. 만일 제가 아는 사람이 관심있어 할 만한 기사가 있다면 스크랩해서 그 사람에게 보내줍니다. 또한 제가 그 사람에게 도움이 필요해서 전화하게 되면 답신이 빨리 옵니다.

Exercises

What types of situation really make you depressed?
어떤 상황에서 우울해집니까?

Answer

What situations excite and motivate you?
어떤 상황에서 가장 의욕이 생깁니까?

당신이 가장 의욕적으로 할 수 있는 일이 무엇인지 면접관은 알고 싶어 한다. 이 질문에 대해 '이것이 정답이다'라고 말할 수 있는 사람은 없겠지만, 답변 내용이 지금 지원하고 있는 분야와 관련 있는 내용이어야 하는 것을 잊으면 안된다. 예를 들어 당신이 맡을 일이 단조롭고 반복적인 일이라면, 창조적인 일을 하고 싶다는 등의 답변을 해서는 안된다.

Answer

What aspects of the work you did were criticized at your previous job or in school?
업무시 어떤 면에 대해서 자주 미흡하다는 말을 듣습니까?

전 직장에서 있었던 일을 예로 들어서, 미흡한 점을 개선하기 위해 어떤 노력을 했는지를 말해준다. 또한 질책을 들은 후에 사소한 일에도 더 주의를 기울이게 되었다는 말을 덧붙이는 것도 잊지 않도록 한다.

Answer

---

7. 대인관계

Would you say you have a lot or a few friends?
당신은 친구가 많은 편입니까, 적은 편입니까?

솔직하게 답변하도록 하자. 중요한 것은 어떻게 친구를 사귀는지 그들과의 관계를 어떻게 유지하는지 등에 관한 꼬리 질문에 대해 적절하게 답변하는 것이다. 적은 편이 좋다고 보는가, 아니면 많은 편이 좋다고 보는가? 많고 적은 것에 대한 이유도 밝혀야 한다. 친구 관계는 그 사람의 친화력과 됨됨이 그리고 중요한 관심사를 알아보기 위한 아주 좋은 질문이다. 그래서 이 질문은 대개 한 가지 질문으로 끝나지 않고 계속 질문이 이어지는 것이 특징이다. 특히 대인관계를 중시하는 분야인 승무원에게 있어서는 더욱 그렇다. 이때 친구가 많거나 적은 것이 중요한 것이 아니라 그 관계가 얼마나 깊이가 있으며, 친구들을 통한 자기계발이 얼마나 이루어지고 있는지, 그리고 사람을 평가하는 잣대는 무엇이며 그것이 건전하고 진취적인지를 살피고자 하는 것이다. 따라서 친구관계에 대한 대답은 우정과 의리를 계속 강조하기보다는 깊이있는 관계를 통해 서로의 발전을 위해 많은 노력을 하고 있으며, 그 속에서 어떠한 대화를 나누는지 등 일련의 과정을 언급할 수 있도록 준비하는 것이 좋다.

Answer

I have a lot of friends all over the world. I like being with people and I like cooking for them as well. When someone compliments me on something I've cooked. That makes me very happy. I made many friends all over the world. I still keep in touch with them by e-mails. One of them is a Canadian tour guide. She is very open-mined and humorous. Sometimes she is very talkative. We talk about cultural differences between our countries. It's very interesting.

저는 전 세계에 많은 친구들이 있습니다. 저는 사람들과 함께 하는 것을 좋아하며, 함께 요리하는 것을 좋아합니다. 누군가가 제 음식에 칭찬을 해주면 매우 행복합니다. 저는 전 세계에 많은 친구들이 있으며 그들과 이메일로 여전히 연락을 합니다. 그중 한명은 캐나다 가이드입니다. 그녀는 매우 개방적이며 유머러스하며 때로는 매우 수다스럽습니다. 우리는 서로의 문화적 차이에 대해 이야기합니다. 이것은 매우 즐거운 일입니다.

How do you make a friend?
친구를 어떻게 사귀나요?

대부분의 응시자들이 사람 사귀는데 익숙하다고 답변을 하는 데서 나오는 꼬리 질문이다. 솔직하게 자신이 사람을 사귀는 방법을 예를 들어 얘기하도록 한다. 그렇지 않으면 꼬리질문에 답하기 힘들다.

Answer

Whenever I meet someone I try to remember his or her name and say hello first. And I try to be myself share my thoughts with them at all times.

저는 누군가를 만날 때마다 그 사람의 이름을 기억하려고 노력합니다. 그리고 먼저 인사를 합니다. 그리고 늘 그들과 관심사를 공유하고자 합니다.

How would you describe your best friends?
Would you say about your best friend?
Tell me something about your best friend.
가장 절친한 친구에 대해 얘기 해 보세요.

다른 사람에 대해 얘기할 때는 긍정적인 말을 하도록 한다. 친구에 대해 얘기할 때의 당신의 표정과 태도 등도 관심 대상이 된다. 또한 친구관계를 유지하는 방법이 꼬리 질문으로 나올 수 있다. 친구를 깊이 있게 많이 사귄다고 해 놓고 별로 화제가 없는 편이라고 하면 앞뒤가 맞지 않는 대답이 되고 만다. 친구관계에서 이미 대답한 것이 있다면 거기에 맞게 대답하면서 되도록 구체적인 예를 들도록 하자. 단, 직접화법으로 대답하면 가볍다는 인상을 줄 수도 있으므로 주의하자.

Answer

Her name is Sumi, Kim. We went to the same university and she is the same age as me. She is very cheerful and sweet. She works as a flight attendant at KAL. We meet twice a month and we stay in touch by e-mail. Whenever we meet, we go to a coffee shop and talk about everything. She is not married. I hope she gets married soon.

그 친구의 이름은 김수미입니다. 우리는 같은 대학을 다녔고 나이도 같습니다. 그녀는 매우 활기가 있으며 다정다감합니다. 아시아나 항공사의 승무원으로 일하고 있습니다. 우리는 한달에 두 번 정도 만나며 이메일로도 연락을 합니다. 우리는 만날 때마다 커피숍에 가서 모든 것에 대해 이야기합니다. 그녀는 아직 결혼을 하지 않았습니다. 그녀가 빨리 결혼하기 바랍니다.

Tell me about an effective manager, supervisor, or other person in a leading role you've known.

당신이 아는 능력있는 상사나 유능한 직원에 대하여 말해 보시오.

지원자의 삶의 가치관과 철학을 알아보고자 하는 질문이다. 누구를 왜 존경하는지를 구체적으로 설명하고, 되도록 본인의 각오를 같이 말하는 것이 좋다.

Answer

The best professor I ever had always reviewed the most important points from our last class before he moved on to new material. He also watched our faces carefully and repeated information whenever he saw a blank stare. Sometimes he would just ask for feedback by saying. "What are you having difficulty with?" He never assumed too much or made us feel dumb for not grasping a concept quickly.

제가 가장 존경하는 교수님이 계시는데, 새로운 내용을 강의하기 전에 항상 강의내용의 중요한 요점을 복습하여 주셨습니다. 항상 저희의 얼굴표정을 보시고 잘 이해하지 못한 표정을 발견할 때면 하신 말씀을 반복해 주셨습니다. 때로는 잘 이해가 안되는 부분이 있는지 종종 물어보셨습니다. 새로운 개념을 빨리 이해를 못해도 매우 관대하셨습니다.

Describe your previous boss.

전 직장의 상사에 대해 얘기해 보세요.

전직장에 대해 험담하는 것은 금물이다. 전직장이나 아르바이트 경험은 당신이 일을 시작하고 배우게 된 좋은 기회였다는 것을 명심하라.

Answer

He always shared credit with all the tour conductors. He encouraged us so that we were in a good mood, so we were in good spirits. It was hard for all tour conductors to meet at the same time. Because each members schedule was different. But almost every Monday, he tried to gather all members together. Then he told us about cases where good problem solving. Then he praised the conductors for a job well done. I could work initiatively. So I learned that making lively atmosphere and giving confidence to members is helpful to make members work effectively. After that I was encouraged to take the initiative when tackling a problem because of my boss's guidance.

전 직장 상사는 그의 공적을 투어컨덕터 전부와 늘 공유했습니다. 그는 부하직원들을 격려해서 늘 밝은 직장 분위기에서 일했을 뿐만 아니라 우리의 업무를 잘 수행했습니다. 모든 투어컨덕터들은 각자가 모두 다른 스케줄을 가지고 있기 때문에 모두 한자리에 모이기가 힘들었습니다. 그러나 매주 월요일에 그는 모든 직원들이 모이게 한 뒤 여행 중에 생겼던 모든 문제를 잘 해결했던 사례들을 공유하게 했습니다. 모든 직원들을 칭찬과 유머로 격려했습니다. 그 덕분에 저는 자발적으로 일을 할 수 있었습니다. 그래서 활기찬 분위기를 만들고 자신감을 주는 것은 일을 효율적으로 하는데 도움이 된다는 것을 배웠습니다.

Q. Tell me about your last boss.

전 직장 상사에 대해 얘기해 보시오.

전직장에 대해 험담하는 것은 금물이다. 전직장이나 아르바이트 경험은 당신이 일을 시작하고 배우게 된 좋은 기회였다는 것을 명심하라.

Answer

Mr. Kim was a great motivator. He would push people to their limits and he was a stickler for detail. But he was always fair, and he rewarded good, hard work. I would call him a tough boss but a good boss.

전 직장의 상사는 동기 부여를 정말 잘하셨습니다. 항상 저의 한계점까지 일을 시키고 세부적인 사항에 관하여 까다로웠지만, 항상 공정했으며 성실한 직원들에게 상을 주었습니다. 쉬운 상사는 아니지만 정말 좋은 상사였습니다.

What are some of the things your supervisor did that you disliked?
당신이 싫어하는 행동을 상관이 한 적이 있습니까?

가능하면 먼저 직장상사의 개인적인 비평을 피하면서, 어려운 상황으로부터의 경험들을 기억하며 긍정적인 면을 설명하도록 한다.

Answer

The only thing I really didn't like is to get criticism in front of others. I want to hear good or bad feedback in private, so that I have time to think and react to the customers without other distractions. I believe that's the fair way to improve learning or to change future behavior.

달리 싫어했던 것은 없었지만, 다른 사람들 앞에서 저에게 피드백을 주는 것이 부담스러웠습니다. 칭찬이든 꾸지람이든 개인적으로 피드백을 받는 것은 선호합니다. 그래야 다른 것에 신경쓰지 않고 시간을 가지고 생각하고 반응할 수 있으니까요. 개인적으로 피드백을 주는 것이 업무를 배워나가거나 앞으로의 태도를 향상시켜 나가는데 좋은 방법이라고 생각합니다.

What type of person do you work best with?
어떤 사람과 일하는 것을 좋아합니까?

인간관계를 묻는 내용이다. 좋아하는 동료의 유형 설정은 곧 자신의 모습을 나타내는 것과 같다. 동료와의 협조성에 착안한 질문형태이다. 직장 내에서의 동료관계는 서로 의지하고 돕는 관계를 유지한다.

Answer

I really get along well with almost everyone, but I work particularly well with other responsible hardworking people. When I work with another person I think of ourselves as part of a team.

저는 모든 사람들과 잘 지냅니다만 특히 책임감 있고, 열심히 일하는 사람들과 일하는 것을 좋아합니다. 그런 사람들과 일할 때 우리는 팀이라고 느낍니다.

What type of people do you work with most effectively?
What type of person do you work best with?
어떤 타입의 사람과 일을 잘할 수 있습니까?

같이 일하기 힘든 사람의 유형을 예를 들어 이야기할 수는 있으나 그 사람 때문에 일을 그르쳤다는 등의 예를 들어 그 사람을 비난하는 발언은 삼가도록 한다. 꼬리질문에서 일하기 힘든 유형의 사람과 어떻게 일을 하는지에 관한 질문이 나온다. 그러나 무조건 그 사람을 혼내거나 아무 말하지 않고 그 사람의 일을 대신한다는 답변은 좋지 않다. 면접관은 같이 일하기 힘든 사람과도 같이 잘 어울려 서로 격려하며 효과적으로 목표를 달성하는 것을 원한다.

Answer 1

I really don't have any problems working with any kinds of people. My former colleagues would tell you that I'm actually quite easy to get along with.

다른 사람과 일하는데 거부감이 전혀 없습니다. 전직장 사람들에게 물으신다면 제가 사람들과 잘 어울린다고 말할 것입니다.

Answer 2

I admire and work best with people who are of good character and have integrity. I also think confidence and enthusiasm are positive assets in any work environment.

성격이 좋고 성실한 사람을 존경하며, 그들과 같이 일할 때 가장 효율적입니다. 또한 어떠한 근무환경에서도 자신감과 열정이 중요하다고 생각합니다.

Answer 3

I really get along well with almost everybody, but I work particularly well with other dedicated, hardworking people. The crew I worked with at my last job was made up of some really terrific people. Everyone was completely professional, and we all thought of ourselves as part of a team.

저는 대부분의 사람들과 잘 어울립니다. 특히 잘 어울리는 부류는 헌신적이며 성실한 사람들입니다. 전 직장에서 일했던 그룹은 정말 훌륭한 사람들이었습니다. 모든 사람들이 매우 프로다웠으며 우리들을 하나의 팀으로 생각했습니다.

Answer 4

I tend to work well with people who are confident and straightforward. It's more difficult for me to be around timid people, because I move quickly and am decisive.

자신감이 있으며 정직한 사람들과 잘 어울립니다. 제가 저돌적이며 결단력이 있기 때문에 자신감이 없는 사람과는 일하기가 어렵습니다.

Describe a leader you admire.
당신이 존경하는 상관을 설명하시오

당신이 믿는 지도자가 유능하다라는 개인적인 혹은 유명한 예를 들어라. 당신은 왜 그들이 그렇게 많은 것을 이행할 수 있었다고 생각하는가? 당신이 존경하는 지도자로부터 어떤 능력들을 배웠는가?

Answer

I've always admired the owner of my company. Everyone looks up to him, because he doesn't want a special parking place or table in the cafeteria, and he gives you the feeling that he's just another member of the team.

How do you handle tension from your boss?
상사와의 마찰을 어떻게 해결합니까?

제일 안전한 대답은 이전의 상사와 오해에 생긴 문제를 어떻게 해결했는지를 예를 들어 답변하는 것이다. 면접관은 당신이 같은 문제를 어떤 방식으로 피해 가는지를 알고 싶어 하는 것이다.

Answer

The only tension I've ever felt was once when we both got too busy to keep each other informed. My boss over committed me with a short deadline, not knowing that I was bogged down with another client problem. I believe firmly in the importance of staff meetings so that coworkers can respect the demands on each other's time.

상사와 갈등이 생겼을 때는 상사나 저나 바빠서 서로가 무엇을 하는지에 대한 대화가 없을 때입니다. 이럴 때 상사는 제가 고객의 문제로 쩔쩔매고 있는 것을 모른 채, 추가 업무처리를 독촉하게 되고, 저와 상사 간에는 긴장이 감돌게 됩니다. 따라서 사원간의 미팅이 중요하다고 생각합니다.

Tell me about the last time you put your foot in your mouth.
말실수를 했던 때에 대해서 얘기해 보시오.

모든 사람은 실수를 하게 마련이다. 중요한 것은 당신이 실수한 것을 깨달았느냐는 것이다. 면접관은 당신이 옳고 그름을 분별할 줄 아는 사람인지 아닌지, 자신의 실수를 만회하기 위해서 어떻게 했는지를 알고 싶어 하는 것이다. 왜냐하면 만약 당신이 누군가에게 나쁜 인상을 준다면, 그것이 회사에 불이익을 가져올 수도 있기 때문이다.

Answer

I told my friend that I'd no longer be attending sports club meetings because I thought that one of the member was a complete idiot. I later found out that the member was my friend's cousin. As soon as I found out, I apologized and asked her why she didn't say anything when I made that foolish comment. Luckily, she and I are still friends today.

제 친구에게 스포츠 동아리의 멤버 중의 한 사람이 마음에 들지 않기 때문에 동아리에 더 이상 나가지 않는다고 했습니다. 나중에 안 사실은 그 멤버가 제 친구의 사촌이었습니다. 친구에게 사과하고 그 당시 왜 아무 말도 하지 않았는지 물었습니다. 다행히도 민주와 저는 지금도 친구지간입니다.

Tell me about your least-favorite professor.
본인이 좋아하지 않았던 교수님에 대해 얘기해 보세요.

이런 질문에 답변하는 것은 아주 조심스럽고 어렵다. 유념할 것은 면접관이 알고 싶어 하는 것은 당신의 옛 상사에 대한 정보가 아니라 그들을 어떤 식으로 말하는가 하는 것이다. 면접관이 당신이 옛 상사에 대한 부저적인 얘기를 하도록 유도한다고 해서 부정적인 답변을 한다면, 좋은 인상을 주지 못한다. 아무리 당신의 주장이 좋고 정당하더라도, 면접관은 당신을 다른 사람과 잘 어울리지 못하는 사람이나 타인에게 책임을 전가하는 사람으로 판단하게 될 것이다. 이런 곤란한 질문에 대한 최선의 답변은 너무 부정적이지 않은 사례를 들어서 간략히 얘기하고, 답변의 포커스를 당신이 그 일로 인해 얻은 점에 맞춘다.

Answer

Well, I've been pretty fortunate during my time in university, because I didn't have any problems with my professors. In university I studied with a professor who was pretty inaccessible. If you walked into his office to ask a question, you got the sense that you were bothering him, then my fellow classmates and I just learned to get help from each other instead. I wouldn't say he was my least-favorite professor, because he was a good professor in a lot of ways, but I would have preferred that he had made himself more available to us and given us more direction.

저에게는 상사복이 있었던 편이었으며 교수님들과도 아무 문제가 없었습니다. 대학시절 만난 한 교수님은 접근하기가 쉽지 않은 분이었습니다. 그 분 사무실에 뭔가를 여쭈어보기 위해 들어가면 제가 방해하는 느낌을 받았습니다. 그래서 저희 동료들은 저희끼리 도움을 주는데 익숙해졌습니다. 그렇다고 그 교수가 가장 마음에 들지 않은 교수라고 생각하지는 않습니다. 왜냐하면 다른 면에서 훌륭한 교수님이었기 때문입니다. 만일 저희에게 더 많은 시간을 할애하여 주셔서 방향을 제시해 주셨다면 더욱 좋았겠다는 생각을 합니다.

Q Tell me about a problem you've had getting along with a work associate.

동료직원과의 관계에서 있었던 문제에 대해서 얘기해 보시오.

개인적으로 마찰이 있었던 일은 언급하지 않는 것이 좋다. 서로 다른 업무 방식으로 인해 생겼던 문제에 중점을 두는 것이 좋을것 같다. 단, 면접관이 중요하게 여기는 사항은 피해서 말하는 것이 좋다. 예를 들어, 업무에 최선을 다하는 기준이 당신보다 엄격하지 않은 사람과 있었던 문제에 대해서 얘기할 수도 있다.

Answer

I'm pretty easygoing and tend to get along with most people. But I remember one time when we brought in a new associate who was very bossy to the point where he offended one of our interns with his attitude. I actually pulled him aside and told him that I found it more productive to ask people for help than to give orders. Unfortunately, my advice didn't seem to help much, but we were more careful when we hired new staff after that.

저는 누구와도 잘 어울리는 편입니다. 한 번은 한 동료가 인턴사원에게 심하게 지시하는 것을 보고, 저는 지시하기보다는 부탁하는 자세로 말하는 것이 더욱 생산적이라고 말했던 적이 있습니다. 불행히도 저의 충고가 많은 도움이 되는 것 같진 않았지만, 그 이후로 새로운 직원을 뽑을 때 조심하게 되었습니다.

Q Who's the toughest employer you've ever had, and why?
가장 힘들었던 상사는 누구였으며, 이유는 무엇입니까?

어떤 이유에서든 부정적인 답변은 금물이다. 아래의 모범답변처럼 질문을 긍정적·낙관적으로 바꿔서 생각해 보고 답변하라.

Answer

That would be Ms. Franklin. She'd push people to their limits when things got busy, and she was a stickler for detail. But she was always fair, and she rewarded good, hard work. I'd call her a tough boss, but a good boss.

아마도 프랭클린 여사일겁니다. 일이 바빠지면 사람들을 한계점까지 다그쳤으며 세부적인 사항에 대하여 매우 까다로웠습니다. 하지만 항상 공평했고 열심히 일하는 사람에게는 보상을 하였습니다. 그녀는 어려운 상사였지만 좋은 상사였습니다.

Q Have you ever had to work with a manager who was unfair to you, or who was just plain hard to get along with?
공정하지 못하거나, 어울리기 힘들었던 상사와 일해본 적이 있습니까?

어떤 상황에서도 상사에 대해서 비판하지 말아야 한다. 면접관이 관심있는 것은 당신이 상대하기 힘든 사람과 일했다는 것이 아니라, 당신이 그들을 험담하는지 안 하는지를 알아보고 싶은 것이다.

Answer

Actually, I've never run into that kinds of situation. Of course, my current boss has to work under time constraints, just like everyone else, and she sometimes had to phrase things succinctly if our department was going to meet its goals. But I've never considered that unfair or hard to handle. It's just part of the job. My supervisors and I have always gotten along quite well.

사실 그런 상황에 가본 적은 없습니다. 물론, 현 직장의 상사도 다른 모든 사람들처럼 마감 시간의 부담을 가지고 일하기 때문에 때로는 우리 부서가 목표달성을 할지에 대하여 간결하게 말하곤 합니다. 그렇다고 불공평하거나 다루기 어렵다고 생각해본 적은 없습니다. 일의 일부분이라고 이해하기 때문입니다. 저의 상사와 저는 항상 사이가 좋았습니다.

Q. Which nationality was the most difficult to work with?

어떤 국적의 사람들과 일하는 게 힘들었습니까?

국적으로 사람들을 구분하는 것은 무의식중에 본인의 차별의식을 나타내는 것이다. 이렇게 돌려서 하는 질문에 성급히 답변하지 않도록 한다. 특히 부정적인 답을 유도하는 질문에는 바로 대답을 하기보다는 생각한 후 답변하는 것이 필요하다.

Answer

Well, Let me think, I think it depends not on nationality but personal character.

글쎄요, 그건 국적의 문제가 아니라 성격의 문제라고 생각합니다.

Q. What was the most difficult thing when you worked with foreigners?

외국인과 일할 때 가장 힘들었던 점이 무엇이었습니까?

문화적 차이나 성격적인 문제로 힘들었다고 이야기한다면 면접관은 당신을 항공사에서 일하기 힘든 사람이라고 생각할 것이다. 항공사는 여러 국적의 사람들이 모여서 일하는 곳이라는 것을 잊지 말아야 한다.

Answer

Well, maybe it was communicating with them in English, because English is not my mother tongue. So I always study English.

그건 아마도 그들과 영어로 의사소통하는 문제였던 것 같습니다. 왜냐하면 영어는 제 모국어가 아니기 때문입니다. 그래서 늘 영어공부를 합니다.

Q Time management has become a necessary factor in productivity.
Give an example of a time-management skill you've learned and applied at work.

당신은 어떻게 시간관리를 하며, 업무에 적용하는지 예를 들어 말하시오.

업무시 시간활용을 잘해서 시간과 비용 등을 절약했었던 예를 말하라. 면접관은 당신이 시간을 얼마나 중요하게 생각하고 있는지 알고 싶어 한다. 얼마나 시간활용을 잘하며, 그로 인해 생산성을 높일 수 있었다는 것을 보여주어야 한다.

Answer

I regularly use scheduling software, which helps me effectively plan for the day, week, month, or year. It also has a to-do-list feature and an alarm option, which is helpful for meeting timely deadlines. In general though, I'm very goal-oriented and self-disciplined. I like to focus clearly on one project at a time for a set amount of hours. In the past I've found that this has helped me save time, which in turn, has given me the opportunity to implement new procedures that have ultimately saved the department time and money.

항상 스케줄 관리를 해주는 프로그램을 사용하여 매일 · 매주 · 매월 또는 1년의 계획을 효과적으로 만듭니다. 이 프로그램에는 '해야 할 일 리스트'기능과 알람 기능이 있어서 마감시간을 지키는데 도움이 됩니다. 일반적으로 저는 목표지향적이며 스스로를 잘 관리하는 편입니다. 한 가지 프로젝트에 집중해서 미리 정해 놓은 시간을 할애합니다. 이런 방법이 시간을 절감시켜 주며 새로운 절차를 정착시키는 기회를 주었습니다. 결과적으로 우리 부서에 많은 시간과 비용을 절감시켜 주었습니다.

Have ever travelled alone?
혼자 여행해본 적이 있습니까?

여행해본 적이 있는지 없는지가 중요한 것은 아니다. 여행해본 적이 있다면 혼자 여행하게 된 계기, 여행하면서 보고 느끼고 배운 점을 이야기하면 된다 .

Answer

Yes, I have. Sometimes I travelled alone. For example, I went to Kyong-ju. It took about 1 week. Kyong-ju is a famous Korean traditional place. In Kyong-ju, I went to many places and ate a lot of delicious food, especially, traditional food. At first, it was a bit strange. But it was a interesting experience. While there, I needed to communicate with strangers. It made me more independent, sociable and stronger.

Why you give advice is there anything you would change about the way you give it?
남에게 충고하는 방법으로 좋지 않다고 생각하는 점이 있습니까?

인간관계를 좋게 유지하는 방법을 잘 알고 있는지에 관한 질문이다. 남에게 충고를 하지 않는 것만으로 좋은 인간관계를 유지하기 힘들다. 면접관은 보다 효율적인 목표달성을 위해 충고를 하되, 어떻게 하는 것이 타인의 입장에서 생각하고 하는 것인지, 그러면서도 조직의 이익을 위해 확실하게 의사전달을 하는 것인지 알고 있는지 궁금한 것이다.

Answer

I've been working on holding back the urge to tell people the answers when they ask for advice. I think it is more important to teach people how to solve their own problems. I've gotten better at coaching, asking questions, and giving feedback, without telling people what to do.

다른 사람들이 저에게 조언을 구할 때, 그 해답을 말해버리는 것을 고치려고 하고 있습니다. 제 생각에는 사람들이 자기 문제를 해결해 나갈 수 있는 방법을 알려주는 것이 더 중요하다고 봅니다. 그래서 최근에는 직접적으로 '이렇게 해라'라고 그 답을 제시하지 않고, 문제와 그에 대한 대안에 대해 코치하는 것이 나아졌습니다.

How have you been able to interact effectively with other on different levels at your most recent company?
다른 직급의 동료들과 어떻게 효과적으로 일을 했습니까?
What type of person do you work best with?
어떤 유형의 사람과 일하는 것이 좋습니까?

면접관은 이 질문을 통해 당신이 어떤 사람의 유형인지 유추할 것이다. 당신이 지원하는 분야에 적합한 답변을 하자. 예를 들어 냉철하고 추진력있는 사람보다는 협동심이 있고 자신의 일을 책임감 있게 하며, 늘 밝은 사람이 승무원으로 일하는데 적합할 것이다.

Answer

I really get along well with almost everyone, but I work particularly well with other responsible, hardworking people. When I work with other person I think of ourselves as part of a team.

저는 모든 사람들과 잘 어울립니다만, 특히 책임감있게 열심히 일하는 사람들과 일하는 것을 좋아합니다. 다른 사람들과 일할 때 일하는 사람들을 팀이라고 생각합니다.

Tell me about a problem you had with one of your work classmates.
동료들과 있었던 문제에 대해 말해 보시오.

주의할 것은 문제가 있었던 사례를 이야기할 때 상대를 험담하지 말고 그 사례만을 설명하도록 주의하자. 또한 그 문제를 해결하기 위해 어떤 노력을 했는지 같이 얘기하도록 하자. 자신의 입장만을 설명하거나 거만하게 들리지 않도록 주의하자.

Answer

We brought in a friend who immediately offended one of the freshmen with his attitude. I took her aside and suggested that I often find it easier to ask people for help rather than to just give orders.

제 친구 중 한명이 거만한 태도로 신입생을 불쾌하게 하였습니다. 그래서 제가 그녀를 따로 불러 명령하는 것보다는 요청하는 어투로 말하는 것이 도움을 받기가 쉽다고 가르쳐 주었습니다.

What do you do to maintain a good relationship?
자신있게 할 수 있는 것은?

자신의 강점을 이야기하면 된다. 구체적인 부분에서 잘할 수 있는 것을 묻는 질문이 아니기 때문에 승무원의 자격요건과 관련된 것으로 예를 들도록 한다. 너무 가식적이고 말장난이라는 느낌이 들지 않도록 주의한다.

Answer

I'm very good at stress management. Having a good stress management skills allows me to be very calm in many situations. I don't get upset very easily and I'm very patient. I learned that showing emphathy usually calms an unpleasant situation. I believe that showing anger to another person is not helpful to solve the problem. So when I'm angry I try to set my desire aside, hold my anger and try to smile.

저는 스트레스 관리를 잘합니다. 스트레스 관리 기술은 많은 상황에서 저를 안정시켜줍니다. 저는 쉽게 화를 내지 않고 인내심이 강합니다. 다른 사람 입장에서 생각해 봄으로써 불쾌한 상황에서 안정감을 찾을 수 있었습니다. 다른 사람에게 화를 내는 것은 문제해결에 도움이 되지 않는다고 생각합니다. 그래서 화가 날 때, 제 욕망은 뒤로하고 화를 참고 웃으려고 노력합니다.

Exercises

What type of person do you find it difficult to work with?
어떤 타입의 사람과 함께 일하기 어렵습니까?

이 질문에서는 긍정적인 면을 부각시켜라. 당신은 어떤 타입들의 상관·고용인·동료인가? 인터뷰하는 사람은 회사에서 어떤 성격의 사람들이 당신에게 잘 어울리는지가 아니라 당신이 그들과 얼마나 잘 맞출 수 있는지를 알기 원한다는 것을 명심해라.

Answer

Describe a time when you failed to resolve a conflict.
누군가와의 의견대립이나 갈등을 해결하지 못한 적이 있습니까?

가장 적절한 답변은 당신이 갈등해결의 열쇠를 쥐고 있지 않았던 경우를 말하는 것이다. 개인적인 문제를 언급할 때는 다시 그런 상황이라면 어떻게 하고 싶다는 말을 덧붙이도록 하고, 그 일을 통해서 배운 점을 얘기하는 것도 좋다.

Answer

To what do you attribute your successful relationship with people?
당신의 어떤 면이 인간관계를 성공적으로 이끈다고 봅니까?

성공적인 인간관계를 이루기 위해 중요하게 생각하는 면을 이야기하라. 면접관은 이 질문을 통해 당신이 인간관계의 중요성을 인식하고 있는지, 실질적으로 사람들과 어떤 방법으로 좋은 관계를 유지해 나가는지 알고 싶어 하는 것이다.

Answer

Would you be willing to relocate to another city?
다른 도시로 옮겨서 근무할 수 있습니까?

특히 외항사에 지원하는 경우 이런 질문을 받는 경우가 종종 있다. 면접관은 가족들과 헤어져서 다른 나라에 살면서 외로움을 느끼지 않고 적응을 잘 해서 오래 근무할 수 있는지를 궁금해 한다. 타국에서 사는데 전혀 문제가 없으며 왜 문제가 되지 않는지까지 설명해 주어야 한다.

외국에서 살면서 여러 사람들과 어울리는 것을 좋아하고 여러 가지 취미생활이 있기 때문에 전혀 문제가 되지 않는다는 확신을 주어야 한다.

Answer

Tell me about a time you had to persuade others to adopt your idea.
당신의 생각을 받아들이게 하기 위하여 다름 사람을 설득했을 때는?

Answer

Tell me about a time you had to work under intense pressure.
스트레스를 받으면서 일해야만 했을 때에 대하여 말해 보시오.

Answer

8. 문제해결능력

Describe how you've used a problem-solving process.
당신이 문제해결 과정을 어떻게 활용했는지 설명해 보시오.
How did you handle it?
어떻게 그 상황을 해결했나요?

인터뷰하는 사람에게 시도했던 문제해결 과정이 어떤 성공적인 결과를 가져왔었는지를 차례차례로 설명해라. 이 과정을 조절하고 관리하기 위해 어떤 표준과 기준들을 이용했는가? 어떤 결과가 있었는가?를 자세한 설명을 곁들여 이야기한다.

Answer

Firstly, I apology about that situation. Then, explain kindly and clearly ins and outs. Then asked the understanding and cooperating of this situations. And continuously pay attention to him or her. Also try to more active attitude towards a tour. In my case, I felt that when I take more active attitude and sincere attitude tour was made tour more lively and tourists were more satisfied with the tour.

우선 그 상황에 대해서 사과를 합니다. 그런 다음 친절하고 명확하게 설명을 하고 그 상황에 대한 이해와 협조를 구합니다. 그리고 그 분에게 계속적인 관심을 보입니다. 또한 여행을 더 활기차도록 노력합니다. 제가 적극적이고 진실한 태도를 보이면 여행이 더 활기있어지고 관광객들은 여행에 더 만족을 하게 되었습니다.

Describe a time when you encountered a difficult customer.
Tell me about a time when you had to deal with difficult customers while working.
일하면서 어려웠던 손님에 대해 얘기해 보시오.

당신이 아르바이트와 같은 사회생활 경험이 있다면 면접관은 당신이 상대하기 힘들었던 손님이나, 까다로운 손님과 어떻게 지냈는지 매우 궁금할 것이다. 승무원은 손님들과 한정된 공간, 한정된 시간 안에 좋은 이미지를 주는 자질이 필요하다. 상대하기 어려웠던 손님을 비난하면서 답변을 끝내지 말고 해결했던 사례도 같이 얘기하도록 한다.

Answer

One time a couple of my tour members repeatedly didn't show up onn time. They were always late, so I had a difficult time conducting the tour. I politely asked them to be on time and asked for their understanding and co-operating. But they were late again. So I was asked them politely but firmly. I said if someone wasn't on time, everyone's schedule would be delayed. In that case, we must skip some places. In this country, there are many good places to visit and impressive things to see. I'd like to give you the chances to look around as many places as possible and I want you to really enjoy yourselves. But if we skip some place, it's so sad to all of us. If all members of the tour stick to the schedule we can enjoy ourselves more and we can see more interesting things. From then on, all members tried to be on time and I lead the tour without any more problem.

제가 예를 들어도 되겠습니까? 한번은 관광객이 제 시간에 오지 않았습니다. 그래서 여행일정을 진행하는데 어려움이 있었습니다. 저는 정중하게 시간을 지켜달라고 말씀드리고 이해와 협조를 구했습니다. 그렇지만 그 부부는 그 다음에도 늦었습니다. 그래서 정중하지만 단호하게 말씀드렸습니다. "만약 시간을 지키지 않는다면, 모든 사람의 일정이 늦어집니다. 그렇게 되면 우리는 몇몇 관광지를 가지 못하게 됩니다. 이 나라에는 가봐야 하는 좋은 인상적인 관광지가 많이 있습니다. 그러나 우리가 몇몇 관광지를 가지 못한다면 매우 우리 모두에게 안타까운 일이 될 것입니다. 만약 모든 사람들이 시간을 지킨다면 우리는 모두 더 즐거운 시간을 갖게 될 것입니다. 그래서 모든 관광객들이 여행일정 내내 시간을 지키려고 노력했고 저는 특별한 문제없이 여행을 이끌어 갈 수 있었습니다.

How do you handle a dissatisfied client?
불만이 있는 고객에게 어떻게 대처했습니까?

불만사례 처리 방법을 잘 알고 있어야 한다. 상황에 따라 방법이 조금씩 다를 수는 있지만 손님의 입장에서 생각해야만 한다. 먼저 사과하고 가능하면 손님의 요구를 들어주려고 노력하며, 상황이 어려울 때는 충분한 설명으로 이해시켜야 한다.

Answer

I listen empathetically to try to determine why the customer is unhappy with the service. I assure the customer that everything that can be done will be done to his or her satisfaction and act upon it promptly.

손님이 왜 서비스에 만족하지 못하는지 잘 듣도록 합니다. 고객이 만족할 수 있도록 무엇이든 할 수 있는 일들을 한다는 것을 고객에게 주지시키고 신속하게 움직입니다.

How do you usually go about solving a problem?
문제가 생겼을 때 주로 어떻게 해결합니까?

어떤 업무를 처리해 나갈 때 예상하지 못했던 문제가 발생할 수 있다. 그러한 일이 닥쳤을 때 당황하지 않고 침착하게 문제해결 방안을 강구할 수 있는 능력이 있는지, 또한 그냥 문제점을 방치하지 않고 끝까지 해결책을 알고자 하는 탐구심이 있는지 면접관이 알고자 한다.

Answer

When I need to solve a problem, I generally start by writing down as many ideas as I can think of about possible causes. Next I look for relationships among causes so I can group together symptoms of bigger problems. Usually, after I study these groups of problems, the real cause becomes readily apparent.

저는 해결해야 할 문제가 있을 때, 일어날 수 있는 다양한 생각들을 가능한 많이 쓰는 데서 시작합니다. 그다음 문제들 간의 관계에 대해 생각해 봅니다. 그래서 더 큰 문제들의 징후들에 대해서 묶어서 생각해 볼 수 있습니다. 대개는 이러한 문제들을 그룹핑 해 본 후에 이 문제가 일어나는 명백한 이유를 알게 됩니다.

How do you measure the success of the work?
당신은 일의 성공을 어떻게 평가합니까?

당신 업무의 성공을 평가하기에 어떠한 결과가 증거들을 필요로 하는가? 어떤 의견이나 보상이 당신에게 중요한가? 비평가는 이 필요성이 일에서 만족될 수 있도록 이루어지기를 원할 것이다.

Answer

I measure reactions of customers. When my customers call me with a referral. I know they're happy. And I have to say that repeat business to me is more satisfying than winning a new account. People have a tendency to try a new company because of that company's reputation or product, but they come back because of the relationship they've learned to trust.

고객의 반응을 봅니다. 고객이 저에게 새로운 고객을 추천할 때는 만족하는 고객이라는 것을 알 수 있습니다. 저에게는 새로운 고객보다 반복구매를 하는 고객이 더 중요하다고 생각합니다. 사람들은 새로운 회사를 시도해보는 경향이 있는데, 과거의 거래처로 돌아오는 이유는 신뢰가 있기 때문입니다.

Tell me about a problem that you failed to anticipate.
당신이 기대했던 대로 문제를 해결하지 못했던 예를 들어보세요.

이 질문은 겸손한 모습을 보이게 만들지만, 중요한 교훈을 배운 사건을 설명하는 기회가 되기도 한다. 당신은 어떤 문제점에 부딪혔는가? 이 경험의 결과로서 판단능력은 얼마나 개선되었는가?

Answer

My boss asked me to solve an ongoing scheduling problem. I failed to realize that the person who was already dealing with the problem would see me as an antagonist. By the time I realized it, I'd already done some of the groundwork. If I'd started by asking for the person's opinion. I would have been able to get him on my side early on.

제 상사는 오랫동안 지속되어온 스케줄 문제를 해결하라고 했습니다. 저는 이 문제를 해결하는데 있어서 적을 만들 것이라고 생각하지 못했습니다. 만일 처음부터 적이 될 만한 사람들에게 의견을 물어서 진행했더라면, 처음부터 제 편으로 끌어들여 일을 할 수 있었을 것입니다.

When do you have difficulty making choices?
어떤 결정을 하기가 어렵습니까?
What types of decisions are difficult for you?
결정을 내리기 힘들 때는 언제입니까?

솔직하게 답해야 한다. 어떤 상황들을 해결하는데 어려움을 느끼는가? 어떤 사람들·정보원이 결정을 내리는데 도움이 되는가? 승무원에게는 수시로 정확한 판단력이 요구된다. 특히 위급상황에서의 빠른 결단력은 중요하다. 충분한 정보와 경험을 갖고 정확한 판단을 하는 능력이 요구된다.

Answer 1

I'm not particularly good at math. So whenever I do my homework with my friends in a group, I rely on them and am careful to thank them formally in front of my professor. We're definitely a team, and I'm careful not to take credit for our industry reports, which we publish for the Pacific region of our firm.

저는 수학에 약합니다. 그래서 팀으로 어떤 과제를 할 때 친구들에게 많이 의지를 하며 교수님 앞에서 정식으로 그들에게 고마움을 표합니다. 저희는 물론 팀이며, 제가 만들지 않은 자료에 대한 공로를 대신 칭찬받지 않도록 조심합니다.

Answer 2

The ones for which there are no formal guidelines or policies in place and on which I have to spend a lot of time trying to figure out what has happened and what should have happened.

어떤 규약이나 지침이 없거나, 도대체 무슨 일이 일어났으며, 제대로 되었으면 어떤 식으로 되었어야 하는지를 제가 알아내야 할 때 결정 내리기가 힘듭니다.

Tell me about a time when there was no rule or precedent to help you attack a problem.
Give an example of a time when you were asked to accomplish a task but weren't given enough information. How did you resolve this problem?
규칙이나 전례가 없는 경우에 혼자 문제를 해결해본 적이 있습니까?

계획 없이 일할 수 있는가? 특별히 더 노력하면서 당신이 행한 단계들, 문제해결 과정을 설명하라. 새로운 도전을 하려는 의지와 확신을 보여주어라.

Answer

At my work, I'm nearly a newcomer, my boss asked me to assemble hundreds of documents. I wasn't sure what order to put the pages in, but my boss had already left for a meeting. Afraid of putting the information together in the wrong order, I first I wrote down his guidelines. Next, I asked for help from my coworker. Next, I called my boss on his cellular phone. He explained the order of the materials over the phone in detail. Thanks to that as well as my coworker's help, I prevented mistake of work and headaches.

Describe a time you found it necessary to make an unpopular decision.
모두가 좋아하지 않는 결정을 내렸던 적이 있습니까?

때때로 중요한 긴 기간의 결과가 단지 짧은 시간의 희생으로 이루어진다. 이 질문은 중요한 가치 있는 판단이 긴 기간의 결과를 만드는 후보자의 능력을 평가하는 것이다. 이와 같은 질문에 말하려면 분명한 예를 주도록 해라.

Answer

I worked as a leader in my department in university. Some of our department's staff and I were in charge of many things including transportation. The day of a department trip, there would be a huge storm will coming in that day. So I wanted to cancel it, but almost everyone else wanted to go on with the trip. I tried to explain and persuade them. The fact they disagreed, I figure that safety is more important than taking a chance. I believe I made the right decision.

제가 대학 다닐 때 학과 대표로 일을 했습니다. 매년 있는 MT를 가기 위해 모든 차량을 포함해서 예약을 마친 상태에서 큰 폭풍이 올 거라는 일기예보를 들었습니다. 그래서 저는 취소하길 원했지만 거의 모든 학생들이 반대했습니다. 그럼에도 불구하고, 저는 학생들의 안전을 위해서 계획을 연기했습니다. 여러번 설명하고 설득하려고 노력하였습니다. 끝까지 설득이 되지 않은 학생들도 있었지만 저는 모두의 안전을 위해서 리더로써의 저의 결정이 옳았다고 생각합니다.

Which one is more important reaching a goal and maintaining good relationship with team members?

목표들 달성하는 것과 동료들과 좋은 관계를 유지하는 것 중에 어떤 것이 더 중요합니까?

한 개를 무조건 정해야 한다면 정해서 말해야 하지만, 너무 단호하게 하나를 결정하는 듯한 태도는 좋지 않다.

Answer

I think it depends on the situations. Reaching a goal is more important to a flight attendant., because they work with a time restriction. To maintain good relationship with the members is not his priority. But sometimes, caring for one's coworkers keeping a good relationship with them is helpful to work effectively.

그건 상황에 따라 다릅니다. 그러나 특히 목표를 달성하는 것이 승무원에게는 중요합니다. 제한된 시간에 일을 마쳐야 하기 때문입니다. 동료들과 좋은 관계를 유지하는 것은 승무원에게 있어 의무는 아니지만 팀원들간에 개인적인 친밀감을 갖고 좋은 관계를 유지하는 것은 일을 효율적으로 하는데 도움이 됩니다.

Exercises

Do you feel comfortable sharing information with others?
다른 사람과 정보를 공유하는 데 불편함이 없습니까?

Answer

At which point do you bring a customer's problem to your boss's attention?
고객과의 문제를 어느 시점에서 상사에게 알립니까?

Answer

If a customer verbally abused you, how would you handle it?
고객이 당신에게 언어폭력을 한다면 어떻게 대처하겠습니까?

Answer

If you got asked about a problem froma passenger that you knew you couldn't resolve within thirty seconds, what would you do?
당신이 바로 해결할 수 없는 문제를 승객이 요청했을 때 어떻게 하겠습니까?

Answer

What was your greatest problem in your last job?
전 직장에서 가장 큰 문제는 무엇이였습니까?

인터뷰하는 사람은 후보자가 마지막 직장에서 개선된 문제부분에 대해 듣기를 원한다. 만약 당신이 이 질문에 답한다면 결과를 보여주지 않은 채로 불평하지 말아라. 단지 문제를 지적하지 말고 해결을 함께 제시하는 능력을 보여주어야 한다.

Answer

Tell me about the most difficult problem you've ever dealt with.
가장 다루기 힘들었던 문제에 대해서 얘기해 보세요.

문제점은 짧게 논하라. 그리고 나서 취했던 행동과 얻은 결과가 무엇인지에 대해 초점을 맞춰라. 솔직하도록 한다. 왜 이 문제가 힘들었는지, 당신은 어떻게 객관적이고 전문가적인 자세를 유지할 수 있었는지에 대해 설명하도록 한다.

Answer

9. 포부와 계획

How can you contribute to our company?
당신이 우리 회사에 어떻게 기여할 수 있습니까?
How do you think the education you've received will contribute to your work in this company?
당신이 교육받은 것을 어떻게 우리 회사에 기여할 수 있습니까?

만약 당신이 학교나 관련기관서 승무원과 관련이 있는 교육을 받은 경험이 있다면 연관시켜서 본인이 준비된 승무원임을 증명해 보이면 된다. 전공이 다른 경우에는 전공보다는 학교생활에서 배운 많은 것을 예로 들도록 하자. 자신감 없는 태도는 금물이다.

Answer

I majored in English education. So I can communicate with other people in English, because I've been studying English conversation for many years. So I can interact with the passengers without any problems, I can also give good impressions to passengers with hospitality. And I was worked as a leader of class in university for 3 years. I learned a lot from that experience. It made me more sociable, stronger, responsible and I learned how to co-operate with other people. When I was a student I worked as a tour conductor for a part time job. During that time, I learned about multi culturelism. I work as a secretary now. I have a lot of experience in various service fields. I learned how to take care of people. I found that my personality is well suited to be a flight attendant. I believe that my major for and many kinds of experiences in the service field are really helpful and suitable for a job as a flight attendant.

저는 영어교육을 전공했습니다. 수년 동안 영어회화를 공부했기 때문에 다른 사람과 영어로 의사소통하는데 문제가 없습니다. 그래서 승객들과 의사소통 하는데도 문제가 없습니다. 또한 저의 따뜻한 응대법으로 손님들에게 좋은 인상을 남길 수 있습니다. 대학에서 3년동안 과대표를 했습니다. 그 경험을 통해 많은 것을 배웠고 더 사회적이고 강한 사람이 되었습니다. 또한 책임감과 협동심에 대해 배웠습니다. 저는 다양한 서비스 분야에서 많은 경험을 갖고 있습니다. 그리고 다른 사람에게 세심한 관심을 가져야 한다는 것도 알고 있습니다. 제 성격은 승무원으로 일하는데 매우 적합합니다. 제 전공과 이러한 경험들이 승무원으로 일하는데 적절하며 도움이 될 것으로 믿습니다.

Since this will be your first job, how do you know you'll like this career path?
이 직업이 첫 직업인데, 왜 이쪽 분야를 좋아하게 될 거라고 합니까?

이런 질문은 미리 답변을 준비하지 않으면, 확실하게 말하기가 좀 어려운 질문이다. 인턴십이나 다른 경험을 통해서 이 분야와 관련된 것들을 접할 기회가 있었다는 것과, 이 분야에 있는 사람들로부터 들은 얘기들을 예를 들어 설명한다. 또한 왜 이 분야에 관심을 갖게 되었는지, 이 분야에 대해 어떻게 알게 되었는지, 이 분야의 흐름을 어떻게 계속 접하고 있는지를 강조하라.

Answer

Although it's true that I've never had a job in your industry, I've talked to many friends and alumni from my school who've been successful in your company. I always ask them the questions, "What's the most frustrating thing about your job?" and "What's the most rewarding thing about your job?" From the information I've gained, I'm confident that I'll be able to adapt quickly to your culture and will find the next few years rewarding based on my goals and values.

솔직히 이 분야는 처음 접해보지만, 귀사에서 성공적으로 일하고 있는 많은 친구나 학교 동창들과 깊은 대화를 해왔었습니다. 특히, 어려운 점들이나 보람있는 점 등 여러 가지 정보를 얻을 수 있었지요. 제가 이 분야에 잘 적응할 것이고 몇 년 안에 성공적인 일원이 될 것임을 확신합니다.

How long do you think you will continue growing in this job?

이 직장에서 당신이 계속 성장할 수 있는 기간은 얼마 정도라고 생각합니까?

이 질문은 '5년 후에 당신은 어느 위치에 있고 싶습니까?'라는 질문과 같은 맥락이다. 당신이 그 직업에 대해서 아는 것을 모두 고려하여 가능한 구체적으로 답하라. 당신이 원하는 직함은 구체적으로 말하지 말아야 한다.

Answer

My own personal measure of growth in a job is acquiring new skills, knowledge, and insights into the industry. As long as I can measure this type of growth, I consider myself successful. I'm a believer in stretching a job by reaching out to learn more about other areas that are peripheral to the job I'm in.

저 개인적으로는 경력 성장의 척도를 그 분야의 새로운 지식과 기술, 그리고 통찰력의 습득으로 봅니다. 제가 몸담고 있는 분야와 인접한 부분까지도 익힐 수 있는 한 성공적으로 성장하고 있다고 생각합니다.

What do you reasonably expect to earn within five years?

5년 안에 어느 정도의 급여를 받으리라 기대하십니까?

이 질문을 받으면 역으로 일반적인 Career path에 대해 물어본 후, 당신이 가지고 있는 기술과 업무활동을 바탕으로 남보다 뛰어날 수 있는 분야를 고려해서 답한다. 승진시기와 같은 사항은 면접관이 결정하도록 한다. 너무 높게 설정해서 말하면 거만하거나 비현실적으로 보일 수 있으며, 반대로 너무 낮게 말하면 내성적이거나 불확실해 보일 수 있다.

Answer

My expectation for the next five years is that my contributions will be recognized and appropriately rewarded. I realiz that salary levels are based on a number of factors, including the company's profitability and the general business cycle that affects our industry, but I expect to take on greater responsibility each year and to be appropriately compensated for my efforts and contributions.

월급의 결정에는 회사이윤, 산업분야에 영향을 미치는 경기 상황 등 여러 가지 요소가 있음을 잘 알고 있습니다. 하지만 매년 더 많은 책임을 맡게 되길 바라며, 저의 노력과 기여에 상응하는 적정한 승급이 주어지길 희망합니다.

Exercises

Our other candidates for this position have industry relevant skills and experience. How will you compensate for your lack of industry experience?

타 지원자들에 비해서 해당분야에 대한 경험이 적은데 어떻게 보충하겠습니까?

Answer

Why is this job the right one for you at this time in your career?

왜 이일이 당신의 현 커리어 시점에서 적합하다고 생각합니까?

Answer

10. 학교생활

Have you received any degrees?
학위가 있습니까?

Answer

I earned a Bachelor's degree in Aviation & Tourism.

What kind of grades did you make in college?
대학 성적은 어느 정도입니까?

Answer

I had a GPA of 2.5 out of 4.0
대학 평균 평점 4.5만점에 4.0을 받았습니다.

How many days were you absent from university? Why?
대학교 때 결석을 며칠 했나요? 왜 했습니까?

결석, 지각 등 성실성이 부족하다는 점을 보여줄 만한 것은 당신에게 크게 감점이 될 수 있다. 면접관에게 당신이 책임감 있고, 시간을 엄수하며, 결근을 하지 않는 사람이라는 것을 확신시켜 주어야 한다. 만약 출석률이 저조하다면, 이에 대해 답변을 잘 할 수 있도록 타당한 이유를 준비해 준다. 이 질문은 '당신은 시간을 잘 지킵니까'라는 질문과 비슷하다.

Answer

I was absent four days last year. Three because I came down with the flu, and one due to the death of a family member.
작년에 4일 결석하였는데, 3일은 독감으로 하루는 상을 당하여 결근하였습니다.

Why weren't your grades better?
왜 학점이 좋지 않습니까?

인터뷰 기회를 받았다는 것은 이미 당신이 성적 등의 자격조건을 갖췄다는 의미이다. 아마 면접관은 지원자가 곤란한 상황에 얼마나 잘 대처하는지를 판단하고 이런 질문을 하는 것이다. 너무 변명하는 듯이 대답하거나 본인의 잘못인 것처럼 답변하지 말고, 대신 긍정적인 대답을 찾아라. 예를 들어, 성적 이외에 학창시절에 배운 것을 강조하거나, 더 노력해서 얻은 것들을 말하라.

Answer

School was a wonderful experience for me. I really enjoyed learning new ideas. I studied consistently and I was attentive in class. But I never believe in cramming before the night of an exam just to get a higher grade or staying up all night to finish a term paper. I really believe I learned just as much as many students who were only concerned about grades.

학창시절에 새로운 많은 경험을 할 수 있었습니다. 특히 새로운 사고를 배우는 것이 무척 흥미로웠습니다. 꾸준히 공부하고 수업 출석률도 좋았지만, 시험성적을 위해 벼락치기 공부를 하거나 숙제를 위해 밤을 새우진 않았습니다. 비록 성적은 좋지 않지만 다른 학생들 못지않게 전공지식을 가지고 있다고 생각합니다.

Why didn't you participate in more extracurricular activities?
학과 외에 활동에 많이 참여하지 않았는데 그 이유는 무엇입니까?

지원자가 학업 이외의 활동사항이 많이 없을 때, 면접관은 지원자가 혹시 지쳐있는 것은 아닌가 걱정을 하게 된다. 고용인은 타인과 잘 어울리고, 일 이외의 것에도 관심이 많은 사람을 좋아한다. 만약 당신이 대학교에서 일반적인 과외활동에 참여하지 않았다면, 독서나 운동 같은 좀더 평범한 수준의 활동에 참여했던 것에 대해 얘기하라.

Answer

I wanted to give as much effort as possible to my studies. I went to a very famous college. So, I studied very hard. I have however, found time to explore the city and make new friends, I do socialize on weekends.

Was there a course that you found particularly challenging?
특히 도전적인 과목이 있었습니까?

면접관은 당신이 어려운 상황에서 얼마나 잘 대처하는가를 알아보려 하는 것이다. 어려운 상황에서도 포기하지 않고 도전의식을 가지고 더 노력하려고 한다는 것을 보여줘라.

Answer

Initially, I was completely overwhelmed by the introductory chemistry course that I took last year. No matter how hard I studied, I seemed to be getting nowhere. I failed the first three quizzes. So I tried a new approach. Instead of just studying by myself, I asked a friend who's a chemistry major to help me with my studies. I also began seeking help from the professor after class. And I found that spending more time in the lab was critical. I ended up with a B-plus in the course and thought I achieved a solid understanding of the material. More than that, I a new approach, What I learned is not just to work hard but that getting help from others is crucial.

작년에 화학개론학을 수강할 때였습니다. 아무리 노력해도 수업내용을 이해할 수 없더군요. 세 번에 걸쳐 퀴즈에 실패한 후 새로운 시도를 해야겠다고 결심했습니다. 혼자 공부하기보다는 화학전공인 친구나 교수님을 찾아가 도움을 청했습니다. 특히 실험실에서 많은 시간을 보낸 것이 효과적이어서 결국 B+성적을 받았습니다. 이 경험을 통해 화학지식을 얻은 것 뿐 아니라 무슨 일을 함에 있어 단순히 노력만 하는 것보다, 때로는 다른 방법의 접근도 필요함을 배웠었지요.

What was your favorite(least favorite) subject?
가장 좋아하는(싫어하는) 과목이 무엇이였습니까?

과목만을 이야기하라. 싫어했던 이유가 그 담당 교수님이 싫었다든지, 같이 듣던 수강생이 싫었다든지 하는 이유는 언급하면 안된다. 승무원과 관련이 있는 과목은 피하는 것이 좋다.

Answer

There was not any particular subject that I really dislike. But I'm not good at math.

특별히 싫어하는 과목은 없었습니다. 그러나 수학을 잘하지 못합니다.

What do you plan to do after graduation?
졸업 후의 계획이 무엇입니까?

우선 지원한 분야에서 좋은 결과를 기대하고 그렇지 못한다고 해도 관련 직종을 언급하는 것이 좋다. 승무원과 전혀 관련이 없는 계획을 언급한다면 당신의 지원동기에 의구심을 갖게 된다. 면접관은 당신의 의욕을 알고자 한다.

Answer

I hope the first step is as a flight attendant in you company, for as long as I can work. After retiring from that job, I would like to write a book about being a flight attendant and a guide for flight attendant and travellers.

귀사에서 승무원으로써 첫발을 내딛고 가능한 오래 일하고 싶습니다. 퇴직한 후에 승무원을 위한 책이나 여행객을 위한 안내서를 쓰고 싶습니다.

What is the most memorable thing from school life?
What was the most impressive thing in your student life so far?
학교생활 중 가장 인상적인 일은 무엇입니까?

면접관은 당신의 학교생활을 통해 당신의 성격과 인간관계 등의 모든 생활을 유추해 보고자 한다. 인상적인 일을 즐거운 분위기로 이야기하자. 인상적인 일을 예로 들면서 부정적인 경험을 이야기하는 것은 좋지 않다.

Answer

I think I really enjoyed my school life. The most memberable thing is when I worked as a tour conductor for a part time job. During my school life, my siblings and I had to pay our own tuition we had to study by ourselves. Because my parents wanted us to be are independent. I had a lot of part time jobs in the service field. Tour conductor, secretary and so on. I learned a lot from those experiences. Those experiences made me more sociable and stronger. I also learned how to be responsible and to cooperate with people. Those were really valuable experiences for me.

저의 학교생활은 매우 즐거웠습니다. 가장 기억에 남는 일은 아르바이트로 웨이트리스 일을 한 것입니다. 제 학교생활을 하면서 저와 제 형제들은 스스로 학비를 벌어야 했습니다. 저희 부모님은 저희가 독립적인 사람이 되길 원하셨기 때문입니다. 그래서 저는 서비스 분야에서 일한 다양한 아르바이트 경험들이 있습니다. 그 경험들을 통해서 많은 것을 배웠습니다. 매우 가치 있는 경험들이였습니다.

Q Explain how your academic training has prepared you to step into this position.
이 일을 하는데 학교에서 배운 것이 어떻게 도움이 될 것이라고 생각합니까?

Answer

I see that this position requires attention to detail as well as being able to work in a group environment. In my position as a teaching assistant, I helped students with course work, grading papers, and held weekly study group sessions.

이 자리가 팀별 환경에서 일할 수 있는 능력과 아울러 세부적인 주의를 요한다는 것을 알겠습니다. 과거 조교로 근무할 때 강의준비와 채점, 주별 스터디그룹활동을 도왔습니다.

Q Your course of study does not seem to relate to our organization; why are you changing your focus with us?
귀하의 전공과 저희 회사와는 거리가 있는 듯합니다. 저희 회사에 관심을 가지게 된 이유는 무엇입니까?

Answer

I never felt that college was a trade or vocational school. In fact, when I conducted my research in deciding whether to go to college, I learned that a liberal arts curriculum is really the best preparation for a business career. At the school I attended, the liberal arts program is an intense one that requires every student to conduct thorough research, engage in critical thinking, write in an interesting and comprehensible manner, make frequent classroom presentations, and participate in small group discussions in each of our classes. These are all tools that will make me a successful professional for your organization if you decide to hire me and I decide to accept the offer.

학교가 무역이나 직업을 가르치는 곳이라고는 생각해본 적이 없습니다. 대학에 진학을 해야 하는가를 고심할 때, 교양과정이 비즈니스 커리어를 준비하는데 가장 좋은 과정이라 생각하게 되었습니다. 저는 모든 학생들이 자료조사를 하고 분석적으로 사고하도록 돕고 설득력있게 글을 쓰게 하고 자주 프레젠테이션을 하고 그룹 토의에 참가하게 하는 힘든 교양과정을 수강했습니다. 이 모든 것이 제가 프로페셔널한 비즈니스맨이 되도록 하는데 좋은 자양분이 되었습니다. 만일 저를 채용하기로 결정하신다면 귀사의 결정을 받아들이겠습니다.

Why did it take you so long to complete your studies?
졸업하는데 기간이 오래 걸린 이유가 있습니까?

Answer

The only way I could go to college was to pay my own way. I had to work 40 hour weeks, and felt I would be able to complete only 3 courses per semester. I am proud that I did it and and proud that my GPA ended up at 3.2.

대학과정을 제 스스로의 힘으로 마쳐야 했습니다. 주당 40시간씩 일하고는 학기당 3과목밖에 공부할 수 없었습니다. 제가 해냈다는 것과 3.2라는 평점에도 자부심을 갖습니다.

Why didn't you take any summer jobs while you were in school?
학창시절 여름방학에 아르바이트를 하지 않은 이유가 있습니까?

Answer

I had terrific opportunities in the summers to go overseas to study that I never had chance to take summer jobs while in school.

여름방학에는 해외에서 공부할 수 있는 좋은 기회가 있어서 아르바이트를 할 수가 없었습니다.

Do you feel your grades are an indication of your academic achievement?
대학 성적이 본인의 능력을 잘 반영하고 있다고 생각합니까?

Answer

Yes and no. The higher up you go on the academic ladder, the more subjective the ratings become. I did quite well grade wise, but I wonder if the results I obtained were an accurate barometer of what I learned. Regardless of grades, the ultimate determinant is me. The same is true for my career and the results I get there.

그렇기도 하고 아니기도 합니다. 학업의 단계가 높아질수록 점수는 주관적입니다(중・고등학교보다 대학이나 그 위로 갈수록 학점에 채점자의 재량이 많이 가미된다는 의미). 저의 학점은 아주 좋습니다. 그러나 제가 얻은 학점이 배운 것을 정확히 말해줄 수 있는 잣대가 될 수 있을지는 의문입니다. 학점에 관계없이 궁극적인 변수는 바로 접니다. 이점은 제 경력이나 제가 이루어낼 실적에 관해서도 마찬가지일 것입니다.

Exercises

In university what was your favorite subject?
대학교 때 가장 좋아하는 과목이 무엇이였습니까?

지원자가 어떤 것에 호기심을 갖고 있는지를 파악하려는 질문이다. 외국회사는 지적인 호기심을 중요하게 생각하므로 소홀히 답변하지 않도록 주의해야 한다.

Answer

Have you ever had a part-time job before?
전에 파트타임으로 일해 본 적이 있습니까?

Answer

Please tell me about your extracurricular activities in your school days.
학교생활 중 특별활동으로 무엇을 하였습니까?

Answer

Q When you were a student, was there anything you got really seriously involved in?
학창시절에 어떤 일에 몰두해 본 경험이 있습니다까?

Answer

Q Was there any teacher who impressed you very strongly?
특별히 기억에 남는 선생님이 계십니까?

Answer

Q What did you normally do during summer or winter vacation?
여름, 겨울 방학 때 주로 무엇을 했습니까?

Answer

Q Were you involved in any club activities at your university?
대학시절에 서클 활동을 했습니까?

Answer

And if you were, what did you learn from them?
서클활동을 했다면 거기에서 배운 점은 무엇입니까?

Answer

Why did you decide to major in Airline & Tourism?
왜 항공관광학을 전공하였습니까?

본인의 전공을 선택한 확실하고 합리적인 이유를 말한다. 만약에 전공을 선택한 이유를 잘 설명하지 못하면, 면접관은 당신이 직업을 선택할 때도 진지하게 생각할 것인지를 의심할 것이다.

Answer

11. 감정이입

If an old man was sitting there almost about cry, what would you do?
나이든 중년의 신사가 혼자 울 듯한 표정으로 앉아 있다면?

자신의 입장에서 생각하지 말고 그 사람의 입장에서 생각하도록 하자. 상대방은 혼자 있고 싶을 수도 있고 위로의 말이 필요할 수도 있고, 대화를 나눌 사람이 필요할 수도 있다. 상대방을 방해하거나 상처주지 않고 상대방의 입장에서 생각하는 태도가 필요하다. 또한 승객의 모든 상황에 대해서는 상사, 동료들과 수시로 정보를 공유하여 원활한 서비스가 이루어지도록 해야 한다.

Answer

First I'd give him a napkin and cold water. Then tell him that if he needs my help, just let me know. I'd also continue to pay attention to him. Then I would my colleagues so they could look out for him as well.

우선 냅킨과 찬물을 갖다 드리겠습니다. 그런 다음 "만약 도움이 필요하시면 언제든 알려주세요."라고 말씀드리겠습니다. 또한 계속적으로 관심을 갖고 지켜보도록 하겠습니다. 그리고 동료들과 이런 사실을 정보 공유하도록 하겠습니다.

What if your friend looked really sad?
만약 당신의 친구가 슬퍼 보인다면 어떻게 하시겠습니까?

앞의 질문과 비슷한 경우이다. 다른 점이 있다면 친구는 나와 더 친밀한 사이라서 더 잘 알고 있다는 점이다.

Answer

I'd ask whether she is OK. I'd listen to her tell me what's wrong very carefully while holding her hand. I'd just try to mad her feel better by staying with her. Because I think if she was left alone, she would feel more lonely.

그녀에게 괜찮은지 먼저 물어보겠습니다. 손을 잡고 그녀의 말에 귀를 기울이겠습니다. 그녀의 기분이 나아지도록 노력하겠습니다. 그리고 그녀 옆에서 있어주겠습니다. 제 생각에는 만약 그녀가 혼자 있다면 외롭게 느낄 것 같기 때문입니다.

Q Don't you think you would be bother her?
What if but she wanted to be alone?
당신이 그녀를 방해했다고 생각하지 않나요? 그녀는 혼자 있고 싶었을 수도 있습니다.

면접관이 알고자 하는 것은 당신이 상대방의 입장에서 생각할 수 있는가 하는 것이다. 자신의 입장에서 좋은 서비스가 좋은 것이 아니라 서비스와 관심을 받는 사람의 입장에서 생각하는 것이 중요하다.

Answer

That's possible. If she wanted to be alone, before I leave, I'd give her a napkin and a cup of water, and tell her. If she needs my help just let me know.

그럴 수도 있을 것 같습니다. 만약 그녀가 혼자 있길 원한다면 자리를 떠나기 전에, 냅킨과 물을 갖다 주겠습니다. "만약 도움이 필요하다면 언제든지 말해."라고 말하겠습니다.

Q Have you ever failed to cheering up your friend even though you did your best?
당신이 최선을 다했지만 친구를 격려하는 것에 실패해 본 적이 있습니까?

면접관은 당신이 여러 가지 인간관계 상황을 경험해 보았는지, 다른 사람의 기분을 배려할 줄 아는지, 여러 상황에서 자신만의 대처 방법이 있는지 이러한 점들이 궁금하다.

Answer

When my coworker's English education program was rejected by her boss, she was very disappointed and she looked angry. I wanted to cheer her up, because I knew how hard she worked to prepare that program, so I told her to not be so disappointed. Although your suggestion was not accepted, everyone knows how hard you worked. But she suddenly stood up and left the room without saying a word. After a few minutes, she came back in. I waited for a minute, then got her a cup of coffee.

제 동료의 영어교육 프로그램이 상사에 의해서 거절되었을 때, 그녀는 매우 실망했고 화가 난 듯 보였습니다. 저는 그녀를 격려해 주고 싶었습니다. 그녀가 그 프로그램을 준비할 때 얼마나 힘들었는지 잘 알았기 때문입니다. 그래서 그녀에게 "실망 하지마, 비록 이번 제안이 채택되지 않았지만 모든 사람들이 너의 노력을 알고 있어." 그녀는 갑자기 일어나서 아무런 말도 하지 않고 밖으로 나가버렸습니다. 몇분 후에 그녀가 들어왔습니다. 저는 몇분 동안 기다렸다가 커피를 갖다 주었습니다.

Q

How have you handled criticism at work?
당신의 일에 대한 비난을 해결해 본 적이 있습니까?

면접관은 지원자의 책임감과 프로정신을 알아내고 싶어 한다. 문제를 해결할 수 있었던 업무나 업무습관을 구체적으로 말해라. 아니면, 일을 하면서 힘들었거나 비합리적인 비난을 받았을 때, 어떻게 프로페셔널하게 그 문제를 해결했는지를 이야기하라.

Answer

I worked part-time as a clerk in a department. The first time I had a complaint from a customer. I found it difficult to keep the complaint separate from my professional service of the account. The customer was upset about the refund policy. I learned that showing empathy usually calms an unpleasant situation. I also learned that no customer is going to be completely happy with everything. Even if that customer's overall experience is positive.

저는 백화점에서 아르바이트 했었습니다. 처음 저의 고객으로부터 불평을 들었을 때, 저의 고객관리 서비스로부터 별개로 받아들이기에 어려움을 느꼈습니다. 제 고객은 환불규정에 불만이 있었습니다. 이런 상황에서 고객의 입장을 이해하려는 노력이 고객의 불만을 가라앉힐 수 있다는 것을 알게 되었습니다. 또한 전반적으로 만족하는 고객일지라도 모든 것에 만족하는 고객은 없다는 것도 알게 되었습니다.

What did you prepare for the interview?
인터뷰를 위해 무엇을 준비했습니까?

당신의 열정과 노력을 보여줄 수 있는 절호의 찬스다. 단순히 인터뷰만을 위한 준비뿐만이 아니라 승무원이 되기 위해 당신이 어떻게 정보를 모으고 준비해 왔는지 보여주어야 한다.

Answer

I tried to take care of people to people and I studied English conversation. I tried to get information about Singapore Airlines. Since I graduated I have been studying English conversation. Of course, I'll try as hard as I can to get a job as a flight attendant. Therefore I prepared for an English interview. I'll try to get some experience working in the service field.

저는 사람들에게 세심한 관심을 기울이고 영어회화를 공부해 왔습니다. 싱가포르 항공에 대한 정보를 모았습니다. 졸업한 후 계속 영어회화 공부를 해왔기 때문에 승무원이 되기 위해서 가능한 최선의 노력을 다해 왔습니다. 이 순간을 위해 영어 인터뷰를 준비했습니다. 아르바이트로 서비스 분야에서 일을 함으로써 경력을 키워왔습니다.

What would you do if I told you that I thought you were giving a very poor interview today?
오늘 당신의 인터뷰 결과가 좋지 않다고 말한다면 어떻게 하시겠습니까?

면접관은 이렇게 당신을 곤란하게 하는 질문을 해서 긴장되는 상황에서도 얼마나 잘 답변하는지 보고 싶어 한다. 이럴 때는 긴장을 풀고, 자신감을 잃지 않는 것이 제

일 중요하다. 스트레스를 쉽게 받는 모습을 보인다거나, 당황하는 모습을 보이지 말자. 이것은 질문이지 당신의 인터뷰 결과가 좋지 않다는 것이 아니다. 쉽게 스트레스를 받는 듯한 모습은 좋지 않다. 당신이 개선해야 할 점을 반대로 물어본다면 여유 있는 모습으로 보여질 것이다. 승무원에게 요구되는 자질 중 하나는 침착함이다.

Answer

Well, the first thing I'd do is ask you if there was any specific part of the interview that you thought I might have mishandled. After that I'd think back and try to remember if there had been any faulty communication on my part. Then I'd try to review possible problems I had understanding your questions, and I'd ask for clarification if I needed it. Finally if we had time, I'd try to respond more fully and appropriately to the problem areas you identified for me. If possible, I'd like to know why you felt like that. If you let me know, I'd consider it and change myself to be a better person. Because I really want to be a flight attendant.

먼저 구체적으로 면접의 어떤 부분이 만족스럽지 못하셨는지 여쭈어보고 싶습니다. 그 다음 제가 의사 전달하는 가운데 오해를 일으켰는지를 돌아볼 것입니다. 시간이 허락한다면 각 질문에 대하여 더 자세히 보충설명을 드리고 싶습니다. 말씀해 주시는 면을 받아들이고 고쳐서 더 나은 사람이 되도록 하겠습니다. 왜냐하면 승무원이 저의 진정한 꿈이기 때문입니다.

Have you ever made someone angry by your initiative?
당신의 자발성이 누군가를 화나게 한 적이 있습니까?

자발적으로 행동한 것이 상대방에게 오해를 불러일으켰거나, 상대방을 방해한 적이 있는지 묻고 있다. 당신의 답변에 따라서 많은 꼬리 질문이 나올 수 있다.

Answer

One day I cleaned up my brother's room. The following day, my brother was suddenly angry at me. Because he couldn't find his papers.

예전에 저희 오빠 방을 청소해 주었습니다. 그 다음날 오빠가 갑자기 저에게 화를 냈습니다. 왜냐하면 서류 몇 개가 없어졌기 때문이였습니다.

Why did you clean your brother's room without asking?
왜 상대방이 요청하지도 않았는데 방청소를 해 주었나요?

위의 답변에 따라서 이와 같은 꼬리질문이 나올 수 있다. 상대방의 요청하지 않았음에도 베푼 본인의 자발적인 호의가 상대방에게 방해가 될 수도 있음을 알아야 한다. 상대방이 편하게 느껴야 호의고 서비스이다.

Answer

Because at that time, my brother was preparing for his final test. He looked so busy, so I thought that he had no time to clean up his room.

그 때 오빠는 기말고사 기간이었기 때문입니다. 오빠가 매우 바빠 보였습니다. 그래서 제 생각엔 방을 청소할 시간이 없다고 생각했습니다.

How did you feel?
그때 기분이 어땠습니까?

이것도 꼬리질문에 해당한다. 상대방에게 베푼 호의의 마음에 무안한 반응이 왔을 때의 상황을 묻는 것이다. '다시는 그런 행동을 하지 않기로 했다.', '그 사람의 그런 반응에 상처받았다', '그 사람을 이해할 수 없었다'와 같은 답변은 피해야 한다.

Answer

I was embarrassed and feel really sorry to my brother. At first, I tried to help my brother find his papers. Fortunately, we found them in a stack of papers on his shelf. And I apologized to him again. Then I told him to relax a little for the test and I wished him good luck. In the evening, when my brother came back, I apologized again. And I explained to him that I wanted to help, because he looked so busy these days and next time I'll ask you in advance before straightening up your room. And whenever you need my help, just let me know.

저는 당황스러웠고 오빠한테 정말 미안했습니다. 우선 오빠를 도와 서류를 찾았습니다. 다행스럽게도 책장위의 많은 서류들 속에서 그 서류를 찾을 수 있었습니다. 그 다음 다시 한번 사과했습니다. 그런 다음 "기말고사 기간이니까 진정하고 시험 잘 봐"라고 얘기했습니다. 그날 저녁 오빠가 돌아왔을 때 다시 한번 사과를 했습니다. "난 오빠를 도와주고 싶었어. 내가 방을 정리하기 전에 미리 물어봤어야 했어. 그리고 언제든 내 도움이 필요할 때 알려줘"라고 이야기했습니다.

Although you tried to help him why did you apologize?
넌 도와주려고 했던건데 왜 사과를 했습니까?

위의 답변에 따라서 이와 같은 꼬리질문이 나올 수 있다. 상대방의 요청하지 않았음에도 베푼 본인의 자발적인 호의가 상대방에게 방해가 될 수도 있음을 알아야 한다. 상대방이 편하게 느껴야 호의고 서비스이다.

Answer

I tried to help him, but it turned out that I made him angry instead. I'd like to help him but maybe the way to help him was a little bit wrong. After that experience, I ask to him before cleaning up his room in advance. I try to be more careful.

전 오빠를 도와주고 싶었습니다. 그러나 어쨌든 그를 당황하게 하고 화나게 만들었습니다. 오빠를 돕고 싶었지만 돕는 방법이 조금 잘못 되었던 것 같습니다. 그 경험 이후에, 제가 방을 정리해도 좋을지 아닌지 미리 물어봅니다. 그리고 좀더 주의를 기울이려고 합니다.

Have you ever been angry towards another person?
다른 사람에게 화를 내 본 적이 있습니까?

이런 질문에 학생들이 무조건 '아니오'라고 답변하는 경우가 많다. 그러나 현실적으로 들리지 않는다. 면접관이 알고 싶은 것은 무엇이 당신을 화나게 하는지, 화가 났을때 어떻게 하는지를 알고 싶어 하는 것이다.

Answer

One time I prepared a new suit for an important meeting. But that morning my sister went out earlier than me with that new suit without telling me. So I was really embarrassed. I had to wear another suit. After she came back, I asked her to warn me in advance if she was going to borrow my clothes.

중요한 모임을 위해서 새로 정장을 준비했습니다. 그날 아침 제 언니가 아무런 말도 없이 저보다 먼저 그 정장을 입고 나갔습니다. 정말 당황스러웠습니다. 그래서 다른 정장을 입어야만 했습니다. 언니가 집에 왔을 때, "내 옷을 입고 싶다면 나한테 미리 알려줘" 라고 이야기했습니다.

Have you ever said no?
무엇인가를 거절해본 적이 있습니까?

거절해야 하는 순간에는 거절의 의사를 정확히 할 수 있는 것 또한 승무원에게 요구되는 자질이다. 면접관이 알고 싶은 것은 어떤 상황에서 거절을 해야 하는지 알고 있는가 하는 것과, 어떤 방법으로 거절을 하는가 하는 것이다.

Answer

I'm the youngest, so whenever my siblings want to eat something in the evening, they ask me to cook. But when I had to write a lot of reports I told them. So I apologized for not being able to cook for them and explained the reason. At first they were disappointed, but my sister cooked instead of me.

저는 막내입니다. 그래서 제 형제들은 저녁에 무언가 먹고 싶을 때마다 저에게 요리를 해달라고 합니다. 그러나 제가 보고서를 써야 할 때 "안돼"라고 이야기합니다. 그리고 "미안하지만 내일까지 끝내야 하는 보고서가 있기 때문에 오늘 저녁은 요리를 할 수 없어"라고 이야기합니다. 처음에는 그들이 실망하지만 제 언니가 저 대신 요리를 했습니다.

12. 서비스 마인드와 자격요건

What do you think the qualifications of a flight attendant are?
당신이 생각하는 승무원의 자질이 무엇입니까?

면접관은 많은 사람들이 하는 이 질문에 대한 답변에 식상하다. 단순히 자질만을 나열하지 말고 그 자질이 필요한 이유, 그리고 본인이 그 자질을 갖추고 있다는 실례 등을 설명하도록 하자.

Answer 1

Firstly, the ability to be polite, considerate, and affectionate. They also need the ability to make their passengers comfortable and at ease in all. Secondly, it's important for a flight attendant to be healthy. They usually stand for many hours. Working in an aircraft is needs 3 times more energy than working on the ground. Also, almost everyday they cross time zones. I think physical health is really important to them. The third qualification is English ability. Flight attendants meet and treat many kinds of people, So they have to have a lot of information about culture, climate, destination of tour and sometimes social and economical situation. Especially in the UAE, there are a lot of highly skilled crew from all over the world. I think English ability is necessary for them to get along well and work effectively.

첫 번째로 서비스 자질, 국제적 감각의 세련된 매너와 남을 배려하고 사랑할 줄 아는 마음, 즉 어떠한 상황에서도 승객을 위하고 즐겁고 편하게 응대할 수 있는 소양이 필요합니다. 두 번째로 강인한 체력이 필요합니다. 스튜어디스가 비행기 내에서 일할 때에는 지상에서보다 3배에 달하는 체력이 필요합니다. 이밖에도 시차에 적응해야 하기 때문에 신체건강도 굉장히 중요하다. 세 번째로 영어실력이 필요하다. 스튜어디스는 다양한 고객들을 접하게 되므로 단순한 기내 서비스 뿐만 아니라 각국의 문화 및 환경, 정치와 경제상황, 여행지 등의 많은 정보를 갖추어야 합니다.

Answer 2

In My opinion, the job of flight attendant requires a great deal of physical health because they usually stand for many hours and almost everyday they cross time zones. Secondly, flight attendants require devotion for passengers with hospitality and consideration.

제 생각에 승무원은 장시간 서서 일을 하고 시간대를 넘나들면서 일하기 때문에 신체적인 건강이 중요하다고 생각합니다. 두 번째로 다른 사람들에 대한 세심한 배려와 승객들에게 따뜻한 마음으로 헌신하는 마음이 필요하다고 생각합니다.

Q

What do you think the qualification, of flight attendants are at Singapore Airline?

싱가포르 항공사의 승무원으로써의 필요한 자질이 무엇이라고 생각합니까?

일반적인 승무원의 자질 외에 특정 항공사의 승무원으로써 요구되는 자질이 무엇인지를 묻는 질문이다. 본인이 지원하는 항공사에 대한 정보를 많이 모으고, 그 항공사의 승무원에게 요구되는 자질을 잘 파악해야 한다.

Answer

I heard that The Singapre Airline is expanding rapidly. To ensure the success of this expansion, the need for highly trained and experienced employees is paramount. The Singapre Airline is constantly recruiting and provides exciting job opportunities to skilled applicants in various areas. So sociable and adaptable personalities are needed. And english ability is needed to communicate each other. Well, there are many kind of qualifications to be a member of Singapore Airline member. But if I asked to tell some requisitions. I believe that sense of humor, confidence, hospitality and english abilities are required to be a Singapore Airline member.

싱가포르 항공은 빠르게 성장하는 항공사라고 들었습니다. 이러한 성장은 높은 수준의 교육과 경험이 풍부한 종사원에 기인한 것이라고 생각합니다. 싱가포르 항공은 다양한 지역에서 높은 수준의 자질을 갖춘 승무원을 모집하고 있습니다. 따라서 사교적이고 잘 적응하는 성격의 승무원이 적합합니다. 승무원들 간에 의사소통을 위해서 영어능력 또한 필요합니다. 싱가포르 항공의 승무원에게는 많은 자질이 요구됩니다. 유머, 자신감, 따뜻한 마음, 영어 실력 같은 자질이 필요합니다.

Do you feel that the customer is always right?
고객은 언제나 옳다고 생각합니까?

승무원으로써의 자질을 묻는 말이다. 고객은 언제나 옳다는 원칙은 갖고 있어야 한다. 그러나 고객의 옳다는 것과 모든 요구를 다 들어주는 것과는 다른 문제다. 이것은 상황에 따라 달라지며, 상황에 따른 현명하게 처신하는 것이 승무원에게 요구되는 자질이다

Answer

Yes, we should do whatever it takes to see that the customer is satisfied and continues to buy from us.

네 그렇습니다. 저희는 어떤 상황에서도 고객을 만족케 하고 그 고객을 유지할 수 있도록 최선을 다합니다.

How do you handle unruly or demanding customers?
까다로운 고객은 어떻게 다루십니까?

서비스 마인드에 관한 구체적인 예를 들어 물어보는 질문이다. 상황에 따라 다르기 때문에 정답은 없다. 자신이 생각하는 구체적인 예를 들어 설명해야 한다.

Answer

I try to talk in a calm and even voice in order to get the person to talk in a rational manner and vent his or her anger.

고객이 화를 내지 않고, 사무적인 형식으로 말할 수 있도록 제가 조용하고 흔들리지 않는 톤으로 말합니다.

When you don't feel like smiling what do you do?
서비스인으로써 웃고 싶지 않을 때 어떻게 하시겠습니까?

서비스맨으로써 자신의 감정을 조절할 수 있는 방법을 묻는 것이다. 승무원은 고객과 실질적으로 만나는 회사의 대표자이기 때문에 자신의 감정을 조절하고 늘 승객들에게 좋은 이미지를 심어주는 것이 매우 중요하다. 면접관은 이 질문을 통해 당신이 그런 능력이 있는지 간접적으로 알고자 한다.

Answer

First I try to force a smile and try to change my atmosphere. When I am alone I whistle or hum loudly. And try to think that I'm as happy as a king. Then marvelously I feel I'm a really happy person. If that doesn't work I try travel somewhere or go shopping.

우선은 웃으려고 노력하고 제 기분을 바꾸려고 애씁니다. 혼자 있다면 콧노래를 크게 부르거나 노래를 흥얼거립니다. 그리고 "나는 왕이다"라고 생각합니다. 그러면 놀랍게도 저는 매우 행복한 사람으로 느껴집니다. 또는 여행을 가거나 쇼핑을 합니다.

Exercises

Q How did you handle a situation when the customer was totally wrong?
고객이 확실히 틀렸을 때 어떻게 대처합니까?

Answer

Q What was the most difficult customer service problem you had to face at your last company?
전직장에서 고객 서비스시 가장 해결하기 어려웠던 문제점은?

Answer

■ 면접을 끝내면서 하는 감사의 인사

—I've enjoyed talking with you.

—Thank you. It's been a pleasure talking with you.

—It's been very nice talking with you.

—I hope to hear from you soon.

—I'm looking forward to hearing from you soon.

—Thank you for your time.

—I look forward to hearing from you soon.

—It was a pleasure speaking with you.

—말씀 나눠서 즐거웠습니다. 감사합니다.

—감사합니다. 말씀 나눠서 즐거웠습니다.

—말씀 나눠서 즐거웠습니다.

—연락을 기다리겠습니다.

—조만간 연락이 오기를 기대하겠습니다.

—시간을 내주셔서 감사합니다.

—조만간 연락이 오기를 기대하겠습니다.

—말씀 나눠서 즐거웠습니다.

PART 4

영문이력서와 자기소개서

영문이력서와 자기소개서

1 영문이력서 쓰는 방법

영문 이력서를 미국에서는 Resume라고 하고, 영국에서는 curriculum vitae, 줄여서 C. V.라고 한다. 그밖에 personal history라고 하기도 한다. 제목을 붙일 때 희망하는 회사가 미국계인가 영국계인가에 따라 구별하여 사용하면 된다.

(1) 국문 이력서와의 차이

외국기업의 직원모집에서는 국문과 영문 이력서 모두 제출하는 경우가 많다. 그리고 국내기업 중에서도 모집하는 직종에 따라서는 영문 이력서를 제출해야 하는 곳이 있다. 채용하는 측에서 이력서 제출을 요구하는 이유로는 첫째, 기술한 내용과 스타일에서 응시자의 자기표현 능력을 알아내고자 하는 목적이 있고, 또 다른 한 가지 목적은 자기들이 요구하는 능력에 부합되는 경험과 자격을 갖추고 있는가의 여부를 확인하려는 데에 있다.

외국계 기업에서는 즉각적으로 회사에 기여할 수 있는 인재를 중요시하기 때문에, 그 기업이 요구하는 경험이나 자격을 구비한 사람이 우선적으로 채용된다. 다시 말해서 외국계 기업의 직원모집에서는 맡기게 될 업무의 범위나 직책이 처음부터 명확하게 정해져 있기 때문에, 거기에 대응되는 명확한 능력을 이미 갖추고 있는 사람을 요구한다. 따라서 이력서 작성도 한국적인 사고방식에서 완전히 벗어나야 할 필요가 있다.

일반적인 국내 이력서는 규격, 서식에 따라서 학력과 경력, 취득한 자격 등을 조목조목 적어 놓으면 된다. 국내기업의 경우는 그 이상의 내용을 요구하는 일이 드물며, 자신의 과거 실적을 어필하는 자세는 오히려 호감을 얻지 못하는 경우가 많다. 필요한 사항은 면접 때 물어보면 된다는 게 기본자세이고,

이력서는 형식적인 요소에 지나지 않는 측면이 있다.

한편, 영문 이력서는 규격화된 서식이 없다. 물론 일정한 모델은 있지만, 결국은 그것을 참고로 자신에게 적합한 스타일을 만들어 스스로 타자치고 완성시켜야 한다. 여기에서는 그 기업이 요구하고 있는 직종이나 직책에 어울리는 인재로서 자신의 경험과 자격이 얼마나 적절한가를 효과적으로 어필하는 것이 중요하다. 외국계 기업에서는 합리성이 중시되기 때문인지, 면접에 무익한 시간을 소비할 필요를 느끼지 않는 것 같다. 그만큼 국내기업보다 이력서를 중시하는 경향이 짙으므로 이력서를 통해 적극적으로 자기를 PR해야 한다.

(2) 이력서의 목적

이력서는 상대방에게 자신의 경력을 알리고, 세일즈 포인트를 선전하는 것이다. 특히 외국계 기업에서 중요시하는 자기표현 능력을 어필할 수 있으며 중요한 포인트를 정리하여 면접에서의 응답에 대비할 수 있다.

이력서에는 기업이 요구하는 인재가 어떤 것인가를 정확하게 파악하여, 거기에 적합한 학력, 경력, 자격 등을 중점적으로 적는다. 그다지 관련이 없는 사항을 잔뜩 나열해서는 효과가 없다. 무엇을 공부하여 무슨 학위를 받았고, 어떤 일에 종사하여 어떠한 실적을 올렸는가를 적는다.

요컨대 이력서란 자신을 기업에 채용하게끔 하는 것, 다시 말해 자기를 PR하는 수단이라는 점을 인식하고 있어야 한다.

(3) 영문 이력서의 구성요소

영문 이력서는 국문의 경우처럼 규격화된 일정한 양식은 없지만, 그렇다고 해서 내키는 대로 제멋대로 써서는 안된다. 여기에도 사회적 통념으로서 기준이 되고 있는 스타일과 당연히 기술해야 하는 내용들이 있다.

① Personal Data(Identifying Information)

이름, 주소, 전화번호, 생년월일, 성별 등을 기록한다.

② Job Objective(Career Objective)

희망하는 직종과 직무를 기재하며 Goal이라고도 한다.

③ Qualifications(Capabilities)

희망직무에 대응하는 능력과 자질을 기재한다.

④ Work Experience(Employment)

원칙적으로 최근의 것으로부터 과거로 거슬러 올라가면서 적는다.

특히 경력자인 경우는 우리말 이력서와는 반대로 경력을 학력보다 먼저 적는다.

학생일 경우는 아르바이트 경험을 적는다.

⑤ Education(Educational History)

특별한 요구가 없는 한 최종학력만을 적으면 된다.

전문대나 대학졸업자이면 초등학교, 중학교 등은 적을 필요가 없다.

⑥ Activities(Curriculla Activities or Extra-Curriculla Activities)

학교에서의 동아리활동과 자원봉사 등 사회활동을 요약해서 쓴다.

요즘에는 자원봉사활동을 적극적으로 평가하는 기업이 많아지고 있다.

⑦ Special Achievement

특히 희망하는 업무에 도움이 되는 기술이나 특기를 쓴다.

⑧ Honors and Awards(Additional Remarks)

상벌관계도 역시 교내외적인 행사에서의 수상경력이나 각종 표창경력을 기록한다.

⑨ References

이력서에는 우선 Available on request 또는 Furnished promptly upon request(요구시 즉시 제출하겠음)라고 적어두면 된다. 일반적으로 경력자라면 이전 근무처의 상사나 대학의 지도교수 등의 연락처를 쓰면 되고 별도의 양식은 없다. 졸업예정자의 경우는 지도교수나 선배, 프로젝트 수행경험시 책임자급으로 하면 무난하다. 신원보증인이라기보다는 본인의 능력이나 자질에 대해 보증할 수 있는 제3자를 말하며, 부모 형제나 친척은 해당되지 않는다. 물론 위에 언급한 항목을 모두 빠짐없이 망라해야 하는 것은 아니다. 자기에게 맞게 적절히 취사선택해도 되고, 또 순서도 자기가 가장 강조하고 싶은 요소를 앞으로 가져가는 등 앞뒤를 바꿔도 무방하다. 단, 개인정보(이름, 주소, 전화번호), 희망직종, 학력, 경력, 신용 조회와 같은 5가지 요소는 빠짐없이 기재해야 한다.

(4) 작성상의 주의점과 마무리

외국계기업의 Resume는 구체적(Specific) & 현실적(Realistic)이어야 함을 명심해야 한다.

① 문장이 아니라 간결한 어구로 표현한다.

문장이 될 경우에는 되도록 짧고 간결하게 적는다. 마침표와 쉼표를 정확하게 붙이고, 문법적으로도 틀리지 않도록 한다. 이력서의 주어가 I인 것은 자명하므로 주어 I는 생략하고, 특히 복수의 "S"와 시제에 주의한다.

② 경력과 학력은 최근 것으로부터 시작해서 과거로 거슬러 올라간다.

중요한 부분에는 스페이스를 많이 할애한다. 가능하면 빈칸이 없도록 하며, 휴학・휴직으로 장기간의 공백이 있을 경우에는 그 이유를 확실하게 적는다.

③ 경력에서는 어느 회사의 어떤 직책에 있었다는 것보다는 거기에서 무엇을 담당하고 어떤 실적을 올렸는가에 중점을 두어 쓴다. 만약 본인의 경력이 지망분야의 Position과 정확하게 일치하거나 유사하다면 경력과 관련한 Employment Highlight(경력기술서)를 작성하여 첨부할 수도 있다. 예를 들어, 매출액 증가, 거래처 확대, 경비절감, 능률개선 등 자기가 기여한 사실을 구체적으로 예를 들어 기술한다.

④ 학력에 관해서도 마찬가지로 정리한다.

대학에서 무엇을 공부했고 성적이 어땠는지를 명확하게 쓴다. 전공, 부전공, 과목 외에도 희망 직종과 관련이 있는 이수과목도 언급한다. 취득한 학위는 빠짐없이 적는다.

⑤ 특정 업종이나 업무에 관련된 전문용어의 사용은 피하고, 알기 쉬운 표현으로 바꾼다.

채용 담당자가 전문용어에 정통하고 있다고는 장담할 수 없으므로, 누구나 알아들을 수 있는 표현으로 기술하는 것이 바람직하다. 즉 읽는 사람의 입장에서 읽기 쉽고 이해하기 쉽도록 쓴다.

⑥ 약자는 가급적 사용하지 않는다.

자주 나오는 말은 처음 나올 때 완전한 말과 약어를 함께 적어 놓는다. 예를 들어 Bank of Korea(BOK)라고 적고 , 그 이하에서는 BOK라고만 적으면 된다.

⑦ 내용이 너무 길어지지 않도록 다듬어서 A4용지 한두 장에 다 들어가게 한다. 경력사항이 긴 경우에는 별지(경력기술서)로 요약해서 첨부한다.

2 영문 자기소개서(커버레터) 작성법

Resume에는 반드시 Cover Letter와 함께 보내라!

(1) 커버레터란 무엇인가?

Resume와 같은 딱딱한 서류를 아무런 설명도 없이 생면부지의 사람에게 보내게 된다면 보내는 사람이나 받는 사람이나 계면쩍은 구석이 있게 마련이다. 이때 Resume와 함께 보내는 것이 커버레터이다. 커버레터란 Resume와 함께 보내는 자기소개서로서, 일종의 자기 PR문이라고 할 수 있다.

커버레터는 우리나라에는 없는 관습이므로 대부분의 입사지원자들이 가장 난감해 할 수 있는 부분이기도 하다. 더구나 커버레터는 Resume와는 달리 일정한 틀이 순서에 입각해 짜여져 있는 것이 아니므로 더더욱 그럴 것이다.

그러나 커버레터는 일종의 business letter이므로, 거기에서 요구하는 일정한 style이 있는 만큼 경우에 따라서는 오히려 Resume보다는 보다 더 강력하게 자신을 어필할 수 있다.

실제로 외국계 기업에 있어서 채용담당자가 지원서류를 받으면서 가장 먼저 읽는 것이 커버레터이므로 Resume를 읽을 것인가의 여부도 이 커버레터에 달려 있다고 해도 과언이 아니다. 만일 커버레터 없이 Resume만 보낸다면 그것만으로도 불합격의 요인이 될 수 있다는 점을 명심하도록 하자.

(2) 커버레터 작성의 특징

커버레터에서 지원자는 지원자 자신이 지원기업에 대해 얼마나 필요한 인재인지를 문장을 통해 보여주어야 한다. 따라서 커버레터를 통해 구인측에서는 지원자의 영어표현능력과 영어실력까지 평가한다고 볼 수 있다.

Resume는 채용하는 측에 따라 다르게 작성하는 것이 좋긴 하지만, 시간관계상 같은 Resume를 사용할 수도 있다. 그러나 커버레터는 특정한 기업체와 지원자의 희망업무 직종에 따라 그때그때 작성해야 한다.

커버레터는 비즈니스 문서의 서식에 따라 작성하며, 한 장 이내로 간결하게 정리하는 것이 기본이다. 커버레터는 Sales Letter의 일종이다. 자신을 효과적으로 홍보하고, 구인 측으로부터 관심을 끌어 면접의 기회를 얻기 위한 편지이다.

커버레터는 단순히 Resume에 기재하지 못한 사항을 첨가해서 쓰는 경우가 있고, 혹은 간단히 구직 희망 정도와 희망 직종에 대해 자격을 요약해 서술하는 경우도 있다.

커버레터를 쓰는 순서는 먼저 주소와 날짜, 다음으로 수신인과 서두, 그리고 본문이 이어지고 결구로 마무리해서 마지막에 이름과 서명을 하는 순서로 쓰여진다.

커버레터의 양식은 주로 본문은 4개 단락 이내로 매듭을 짓고 서두, 본론, 마무리의 3부분으로 나누어 내용을 전개시키는 것이 가장 전형적인 스타일이다. 참고로 그 외의 몇 가지 양식에 대해서 더 알아보자.

(3) 멋진 커버레터 작성의 포인트 지원자가 커버레터를 보내는 기업의 업종이 무엇이든 좋은 커버레터를 작성하기 위해서는 다음과 같은 원칙을 반드시 지켜야 한다.

① 커버레터는 특정인에게 보내는 것이어야 한다.

기업체에서 받는 서신은 굉장히 다양하고 많다. 그런데 커버레터에 수신인을 "관계자에게(To whom it may concern)"이라고만 한다면 결례이다. 커버레터에는 수신인을, 가능하면 인사담당자 이름이나, 아니면 최소한 '인사담당부서(Department of Human Resources)' 또는 '인사담당자(Personnel manager)'로 명기해야 한다.

② 절대 실수를 하지 않도록

아무리 잘된 커버레터라도 인사담당자의 이름을 오기(misspell)하거나, 잘못된 직함을 쓴다면 눈 밖에 날 수밖에 없다. 커버레터 작성을 완료한 후에는 기본적인 기재사항에 오류가 없는지 반드시 확인하도록 한다. 그리고 커버레터를 읽는 인사담당자가 Resume를 건성으로 읽을 수 있는 것은 당연한 일.

③ 자신만의 개성이 내용에 담기게

수많은 Resume와 Cover Letter를 읽는 인사담당자들은 참고도서 자료에서 발췌된 정형화된 문장을 의외로 쉽게 발견해 낸다. 이렇게 무성의하게 작성된 커버레터를 읽는 인사담당자가 Resume를 건성으로 읽을 수 있는 것은 당연한 일이다. 커버레터가 자신의 신상에 대한 소개라면 거기에 담겨야 할 내용도 비록 다소 서투른 부분이 있을지라도 자신만의 것이어야 한다.

④ 자신의 경력과 능력에 초점을 맞추어라

이를 위해 우선 자신의 Cover Letter가 목표하고 있는 기업과 그 구성원들에 대해 어느 정도 알고 있어야 한다. 가능하면 지원기업에 알 맞는(또는 기업이 요구하는) 능력과 경험을 제시하는 것이 좋다.

⑤ 포맷과 외양이 보기 좋게

인사담당자들은 이미 채용부문에 있어서는 전문가들이라 사회 초년생이 낸 Resume나 Cover Letter라고 해서 대충 넘어가고 이해해 주지 않는다. 따라서 Resume와 Cover Letter를 넣은 봉투에서부터 용지의 사이즈에 이르기까지 외형적인 면과, 두 서류의 format에 이르기까지 반듯한 인상을 주도록 노력해야 한다.

PART

5

영어인터뷰 필수어휘

영어인터뷰 필수어휘

A

- Accomplish : 달성하다
- Achieve : 달성하다.
- Acquire : 획득하다.
- Adapt : 적용하다.
- Administer : 관리하다.
- Advise : 조언하다.
- Allocate : 배분하다.
- Appoint : 임명하다.
- Approve : 인가하다. 허가하다.
- Assemble : 모이다.
- Assign : 선임하다.
- Assume : 떠맡다
- Attend : 출석하다.
- Authorize : 위임하다.
- Accumulate : 축적하다.
- Acknowledge : 인정하다.
- Act : 활동하다.
- Adhere : 고수하다.
- Advertise : 선전하다.
- Aid : 도와주다.
- Analyze : 분석하다.
- Appraise : 평가하다. 감정하다.
- Arrange : 준비하다. 채비를 하다.
- Assess : 평가하다. 사정하다.
- Assist : 돕다.
- Assure : 확보하다. 확신하다.
- Audit : 회계 감사하다.
- Award : 상을 주다.

B

- Boost : 높이다.
- Budget : 예산을 짜다.
- Bring : 초래하다.
- Build : 제작하다.

C

- Calculate : 계산하다.
- Catalog : 목록을 작성하다. 카탈로그
- Change : 바꾸다.
- Campaign : 선전하다.
- Chair : 의장을 맡다.
- Clarify : 명확히 하다.

- Code : 코드화하다.
- Communicate : 연락하다.
- Complete : 완성하다.
- Compute : 계산하다.
- Concentrate : 전념하다.
- Consider : 고려하다.
- Consult : 상담하다.
- Control : 관리하다.
- Coordinate : 조정하다.
- Create : 창출하다.
- Cut : 삭감하다.
- Collect : 수집하다.
- Compile : 편집하다.
- Compose : 조정하다.
- Conceive : 고안하다.
- Conduct : 실시하다.
- Construct : 건설하다.
- Contribute : 공헌하다.
- Cooperate : 협력하다.
- Cover : 취재하다.
- Credit : 신용하다.

D

- Deploy : 배치하다.
- Determine : 결정하다.
- Develop : 개발하다.
- Direct : 감독하다.
- Distribute : 배급하다.
- Document : 입증하다.
- Draft : 기안하다.
- Design : 설계하다.
- Develop : 결정하다.
- Devise : 고안하다.
- Display : 발휘하다.
- Divide : 분할하다.
- Double : 배로 늘어나다.

E

- Earn : 벌다.
- Educate : 교육하다.
- Eliminate : 절감하다.
- Employ : 사용하다. 고용하다.
- Engineer : 설계제작하다.
- Enlarge : 확대하다.
- Ensure : 확보하다.
- Edit : 편집하다.
- Elect : 선출하다.
- Emphasize : 강조하다.
- Engage : 종사하다.
- Enjoy : 즐기다.
- Enroll : 등록하다.
- Establish : 확립하다.

- Evaluate : 평가하다.
- Examine : 검사하다.
- Exceed : 초과하다.
- Excel : 능가하다.
- Execute : 실행하다.
- Expand : 확대하다. 전개하다.
- Extend : 확대하다

- Finance : 융자하다. 자금을 공급하다.
- Forecast : 예측하다.
- Form : 편성하다.
- Formulate : 명확히 말하다.
- Found : 창설하다.
- Function : 직무를 대행하다.
- Fund : 자금투입하다.

- Gain : 획득하다.
- Gather : 수집하다.
- Generate : 산출하다.
- Grant : 허가하다.
- Guarantee : 확약하다.
- Guide : 지도하다.

- Halve : 반감하다.
- Handle : 담당하다.
- Head : 이끌다.
- Help : 협조하다.
- Hire : 고용하다

- Implement : 실시하다.
- Improve : 개선하다.
- Include : 포함하다.
- Increase : 증가하다.
- Influence : 영향을 끼치다.
- Initiate : 개시하다.
- innovate : 혁신하다.
- Inspect : 검사하다. 시찰하다.
- Install : 설치하다.
- Instruct : 훈련하다.
- Integrate : 통합하다.
- Interact : 교류하다.
- Interprete : 해석하다.
- Interview : 면접하다.
- Introduce : 도입하다.
- Invent : 발명하다.

- Investigate : 조사하다.
- Involve : 전념하다.
- Issue : 지급하다. 발행하다.

J

- Justify : 정당화하다.

L

- Launch : 개시하다.
- Lead : 도입하다.

M

- Maintain : 유지하다.
- Major : 전공하다.
- Manage : 관리하다.
- Market : 매매하다.
- Master : 정통하다.
- Mediate : 조정하다.
- Modify : 수정하다.
- Monitor : 감시하다.
- Motivate : 동기를 부여하다.

N

- Negotiate : 교섭하다.
- Nominate : 추천하다.

O

- Obtain : 획득하다.
- Operate : 조작하다.
- Orchestrate : 협조하다.
- Organize : 조직하다.
- Originate : 고안하다.
- Overcome : 극복하다.
- Oversee : 감독하다.

P

- Participate : 참가하다.
- Penetrate : 침투하다.
- Perform : 활동하다.
- Persuade : 설득하다.
- Pinpoint : 지적하다.
- Pioneer : 개발하다.

- Plan : 계획하다.
- Present : 제출하다.
- Procure : 조달하다.
- Program : 프로그램화하다.
- Propose : 제안하다.
- Provide : 제공하다.
- Purchase : 구입하다.
- Prepare : 준비하다.
- Process : 처리하다.
- Produce : 생산하다.
- Promote : 1.승진시키다 2.촉진하다.
- Protect : 보호하다.
- Publish : 출판하다. 발행하다.

Q

- Qualify : 자격을 주다. 한정하다.
- Quantify : 수량화하다.

R

- Raise : 1.올리다 2.조달하다.
- Recommend : 충고하다.
- Record : 기록하다.
- Recruit : 고용하다.
- Reinforce : 강화하다.
- Reorganize : 재편성하다.
- Report : 보고하다.
- Request : 요구하다.
- Retrieve : 회복하다. 검색하다.
- Run : 운영하다.
- Rank : 지위에 오르다.
- Reconstruct : 재건하다.
- Recover : 회복하다.
- Reduce : 삭감하다.
- Remove : 제거하다.
- Replace : 바꾸다.
- Represent : 대표하다.
- Research : 조사하다.
- Revise : 수정하다.

S

- Schedule : 작성하다.
- Screen : 선발하다.
- Select : 선택하다.
- Serve : 직무를 받다.
- Solve : 해결하다.
- Score : 성적을 올리다.
- Secure : 보증하다. 확보하다.
- Sell : 판매하다.
- Simplify : 간소화하다.
- Specialize : 전문으로 하다.

- Specify : 특성을 부여하다.
- Stimulate : 자극하다.
- Strengthen : 강화하다.
- Succeed : 성공하다.
- Supervise : 감독하다.
- Support : 지원하다. 원조하다.
- Systematize : 체계화하다.
- Standardize : 표준화하다. 규격화하다.
- Streamline : 능률화하다.
- Submit : 제출하다.
- Summarize : 요약하다.
- Supply : 공급하다.
- Survey : 조사하다.

T

- Trace : 추적하다.
- Transfer : 전임시키다.
- Translate : 번역하다.
- Trim : 생략하다. 줄이다.
- Train : 훈련하다.
- Transform : 전환하다.
- Travel : 출장하다.

U

- Update : 새롭게 하다.
- Utilize : 활용하다.
- Upgrade : 등급을 높이다.

V

- Validate : 확인하다.
- Verify : 입증하다.

하늘을 나는 인터뷰영어

2005년 3월 10일 초판 1쇄 발행
2016년 3월 5일 초판 6쇄 발행

지은이 박혜윤
펴낸이 진욱상 · 진성원
펴낸곳 백산출판사
교 정 편집부
본문디자인 편집부
표지디자인 오정은

저자와의 합의하에 인지첩부 생략

등 록 1974년 1월 9일 제1-72호
주 소 경기도 파주시 회동길 370(백산빌딩 3층)
전 화 02-914-1621(代)
팩 스 031-955-9911
이메일 editbsp@naver.com
홈페이지 www.ibaeksan.kr

ISBN 89-7739-719-7
값 10,000원